L'INVENTEUR DE ROYAUMES

PHILIPPE LE GUILLOU

L'inventeur de royaumes

Pour célébrer Malraux

nrf

GALLIMARD

Il a été tiré de l'édition originale de cet ouvrage vingt-cinq exemplaires sur vélin pur chiffon de Lana numérotés de 1 *à* 25.

Au chevalier Jean Aude,
pour ses vingt ans.

Etre roi est idiot, ce qui compte, c'est de faire un royaume [1].

André Malraux

Ceux qui comptent dans ce pays vivent de rêves immenses. Et sans doute le monde vit-il toujours de quelques rêves immenses ; et même quand les hommes veulent se rouler dans la boue et s'y enfoncer les oreilles, ils finissent par y entendre le grondement saccadé des eaux inapaisables et souterraines [2].

André Malraux

1. *La Voie royale*, p. 86. Les références complètes des ouvrages cités se trouvent en fin de volume, p. 179.
2. *Le Rassemblement*, 4 septembre 1948.

Il a suffi que je lise par hasard l'entrefilet d'un hebdomadaire qui annonçait la prochaine translation des cendres de Malraux au Panthéon pour que j'éprouve l'irrépressible envie de me replonger dans ses livres, dans les cours, dans les notes de lecture aussi — grimoires, cahiers jaunis — que je lui avais jadis consacrés. C'était le retour d'une vieille et solide fascination. Il y a des années je lui avais voué des jours d'écriture et de célébration dans le cadre d'un travail universitaire. Il était déjà mort depuis quatre ans. J'écrivais ces pages avec le souvenir du chat égyptien dans la cour carrée du Louvre. Je serais privé de pèlerinage à la Lanterne, à Verrières, rue de Valois. Ces visites rituelles que j'ai rendues à d'autres par la suite, au premier rang desquels je place le solitaire de Saint-Florent.

La seule perspective de l'entrée du corps de l'Aventurier aux prunelles d'hypnose dans la froide basilique du Panthéon m'a décidé à relire et à relier mes notes passées, à reprendre la rêverie, quelque part entre la Voie royale et la Bibliothèque des formes. Ce serait un de ces offices de la veine de ceux que j'ai dédiés à Chateaubriand et à Louis II. Chez Malraux j'avais aimé l'aventurier sacrilège, le dépeceur de temples, le prosateur des romans, et, après la guerre et l'Altenburg, l'historien des formes, le déchiffreur de l'épopée démiurgique, et le politique, le ministre du Palais-Royal, celui qui, un jour glacé de décembre, avait accueilli d'autres cendres sur les rives de la haute nécropole...

Depuis, dans la galerie des maîtres qui mène à ma bibliothèque, sa photo en romancier convulsif et ténébreux ne m'a jamais quitté. Ses romans, ses écrits sur l'art ne sont jamais très loin. Et je ne peux traverser les jardins du Palais-Royal sans regarder les croisées de la pièce lambrissée qui abrita son bureau.

L'été s'ouvrait, de réclusion et de solitude en Bretagne. Ce serait un été pour célébrer Malraux.

23 juin 1996.

I

EN REGARDANT LES PORTRAITS...

Je regarde quelques portraits, quelques images arrachées à l'album d'un siècle. Les jalons d'une vie, d'un parcours. L'aventurier de *La Voie royale*, impétueux, cheveux au vent, la cigarette ardente. Un rêveur aux prunelles de feu. Tendu, prêt à bondir, à partir, à plonger dans les royaumes engloutis des forêts cambodgiennes. Il émane du portrait de Germaine Krull que j'aime particulièrement une tension rare, celle d'un voyant qui aurait de la peine à endiguer le tumulte de ses visions. Malraux, en pull laineux à losanges, se présente plein d'une fougue contenue, il fume, le regard défiant l'objectif, les doigts souillés par la nicotine. C'est une photographie de 1933. On se dit qu'il ne joue même pas à l'aventurier ténébreux, il ne joue pas ce rôle, c'est la posture métaphysique et esthétique qu'il a choisie pour *être*. Ses mains sont habituées aux cigarettes, aux corps qui se déshabillent dans l'Orient lointain, aux statues des temples que l'on scie, aux pieuvres de l'hallucination et aux pierreries de l'opium. Aux grimoires, aux textes, aux journaux de propagande, aux chimères, aux chats, au sommeil des musées.

Le beau portrait de Gisèle Freund n'a que deux ans de plus. Sur sa chemise anglaise, sa cravate de soie et son costume croisé, l'aventurier a jeté le manteau blanc de chasse d'un gentleman. La mèche vole, le manteau au col doublé de cuir sombre se gonfle à la façon d'une cape, les sourcils sont froncés et la cigarette se consume sans le secours de la main qui sur l'autre photo dissimulait la bouche. Hitler a pris le pouvoir. C'est le début du combat contre le fascisme. C'est l'époque aussi de la folle expédition au-dessus des ruines de Mareb, à la recherche de la capitale mystérieuse de la reine de Saba... Peut-être sur le portrait de Gisèle Freund Malraux porte-t-il son manteau blanc d'archéologue aérien...

L'aventure, toujours. Cette pose sied mieux à l'écrivain que celle d'un jeune notable des lettres installé à la table d'un congrès. Et c'est la période 1936-1937, l'Espagne. Et il est là, en uniforme d'aviateur, la cigarette toujours à la main, ou aux lèvres comme sur cette photo où on le voit entouré du groupe communiste de l'escadrille « España ». Casqué, en redingote de guerre, le voici inspectant un avion au-dessus de Teruel. C'est l'époque de *L'Espoir*. Et de *Sierra de Teruel*.

Je passe. Je saute quelques feuillets de l'album. Je le fais avec une impression d'accord recueilli, de *sympathie*. Je ne me délivre pas de ce goût que j'ai pour les photographies et les poses d'écrivain, pour tout ce qui les immortalise et les révèle, comme cela, dans l'apparente quotidienneté d'un geste, d'une expression. Dans la marge des pages, et plus encore de tout ce qui s'écrit ou se dit sur les pages, elles se donnent comme un éclat de la vérité, c'est la fugacité d'une mimique ou d'une impatience qui s'arrête, *hic fuit*, il fut là, et il fut cela, l'élan, la fougue — la foudre.

Les guerres, la double résistance — intellectuelle contre le péril fasciste, et concrète, dans la réalité boueuse, sanglante, des opérations militaires — sont loin. On est entré dans le vaste cabinet d'un lettré assis, reclus. Salon lumineux, immense piano dont le bois vernis semble servir d'autel : on devine une tête khmère, une statue du Bouddha peut-être, quelques souvenirs, quelques talismans de l'Orient extrême. L'esthète s'est carré dans un fauteuil, des livres à la main, sur la table basse, des fleurs, un fétiche encore et l'indispensable whisky. Le tapis est couvert d'une centaine de planches. Malraux choisit les illustrations des *Voix du silence*. Le même grand tapis blanc encore, des reproductions de statues grecques, de masques orientaux étalées : l'historien des formes, un filet de fumée s'échappant des lèvres, trie devant l'objectif d'un photographe les illustrations d'un de ses ouvrages sur l'art. Le temps aride et convulsif de l'action semble loin. Malraux a passé la rive. Il ne s'occupe que de Giotto, de Goya, de Rembrandt, des ombres célèbres, des dessinateurs de Lascaux. Il ne songe plus qu'au tremblement de la main démiurgique, à ce qui fait « la force et l'honneur d'être homme[1] ».

Les pages de l'album d'un siècle continuent de tourner. C'est la traversée d'un siècle qu'on voudrait suivre enfermé dans quelque *camera obscura*. Et il est étrange ce grand canapé de velours dans lequel ont pris place de Gaulle et Malraux. Le Général, costume croisé à rayures, la main gauche crispée sur ses petites lunettes rondes, écoute son mage, son druide, son psychopompe et son passeur au verbe pythique. Ils portent l'un et l'autre les

1. *Les Voix du silence*, p. 640.

mêmes chaussures... anglaises. On est en 1958. Le président Coty a appelé le Général à Matignon. Malraux est ministre délégué à la présidence du Conseil. Il dira que de sa place au Conseil des ministres, « on voyait la roseraie pleine de roses de juin semblables à celles de la défaite [1] ». En 1945, de cette même place, il n'avait vu que la pluie et la neige. D'autres photos, c'est le temps du pouvoir. A l'Odéon, contemplant le plafond d'André Masson. Songeur, plongé dans une méditation qui cisèle sur son visage comme un masque de douleur, dans la salle des fêtes dorée de l'Elysée, à la conférence de presse du Général le 14 janvier 1963. Penché, attentif, sur cette photo de Massin qui le montre en 1967 assis à son bureau de la rue de Valois, dans un décor de boiseries, de glaïeuls, avec les encriers du ministre, les dossiers, les parapheurs et sur la table une lampe-bouillotte qui éclaira l'écritoire de l'Empereur.

Comme tout janséniste au pouvoir, Malraux a ses vallées, ses refuges. Le pavillon de la Lanterne que lui laisse Pompidou, tout près du Grand Trianon qu'il a sauvé, le pavillon de la Lanterne avec ses buis, ses chats, ses allées de gravier blanc et sa porte secrète qui ouvre sur le parc de Versailles. Comme un double, le pavillon de Verrières où il se réfugie à son départ du ministère. Et j'aime cette photographie où on le voit accueillant un chat noir à la fenêtre de son salon. Des pelouses, des allées automnales, des parterres de roses, des brumes, la méditation, la veille, le questionnement des ombres. Malraux connaît alors le Secret des secrets...

D'ultimes images. Haletant, brisé, sinistre aux obsèques de De Gaulle à Colombey le 12 novembre 1970, la mèche en bataille, marchant hagard aux côtés de Romain Gary qui pense peut-être déjà à se masquer sous d'autres noms.

1. *Le Miroir des Limbes*, tome I, p. 128.

Pas Malraux. Après la création romanesque, l'action et le pouvoir, la retraite, le temps de l'âme. Et du corps rompu. La maladie rôde. Il se fait photographier, imperméable au vent, les mains dans les poches, à la sortie de la Salpêtrière. En 1974, il va au Japon, contemple la cascade de Nachi. Le voici en kimono zébré dînant sur fond de cloisons coulissantes. Le voici encore — la photo m'émeut —, de dos, assis sur la terrasse de bois du Ryōan-ji à Kyōto. Il médite, les jambes pendantes, devant les pierres du jardin sec. Les quinze pierres qui ont des noms et des figurations magiques : le Bouddha, une baleine légendaire, une mère tigre et ses enfants, les îles Tortue et la grue du paradis. Où qu'il se place, celui qui contemple ne voit jamais que quatorze pierres. Et les ombres des pierres.

J'arrête là. Après, il y aura un autre espace sacré, le carré d'une cour dans laquelle on dépose un chat en bronze. La traversée d'un siècle s'achève ainsi. A l'autre bout du monde. Sur l'autre rive. Devant des pierres immémoriales qui émergent d'un jardin de sable rituellement ratissé.

II

ENTRETIEN IMAGINAIRE

On lira ici le texte, condensé, d'un entretien retrouvé et peut-être imaginaire, entretien recueilli rue de Valois, au pavillon de la Lanterne et dans le salon bleu de Verrières. Malraux est au pouvoir. Il accompagne de Gaulle dans l'aventure de la refondation de l'Etat. On le dépeint volontiers à cette époque comme un homme arrivé, un écrivain à l'inspiration tarie qui ne connaîtrait plus que la rhétorique de la République et des honneurs. La parole intime qu'il libère ici — et qui semble réfracter des motifs, des formules, des hantises qu'on a pu lire ailleurs — manifeste la puissance intacte du créateur.

QUESTION : J'aimerais que vous nous parliez de votre aventure à la recherche des bas-reliefs du temple de Banteay Sreï au Cambodge...

ANDRÉ MALRAUX : Il me semble me souvenir que nous sommes partis avec Clara le 13 octobre 1923. Il y eut des escales à Djibouti, Singapour, Saigon... Très vite le directeur de l'Institut français d'Hanoi a montré sa réprobation. Il s'agissait de ne toucher à aucun monument. Cependant ils nous ont fourni les charrettes, les bœufs, les coolies. Et nous nous sommes avancés dans la forêt...

Q. : Qu'est-ce qui vous attirait ?

A. M. : Je l'ai souvent dit, l'idée même de cette Voie royale qui reliait Angkor et les lacs au bassin de la Ménam. Je passais des heures à regarder les cartes archéologiques. Oui, à bord du bateau j'avais une angoisse d'intoxiqué privé de sa drogue. Sur la carte, j'avais entouré de grandes taches bleues les Villes mortes. Je suivais le pointillé de l'ancienne Voie royale. On redoutait l'abandon en pleine forêt siamoise. Au moins une chance sur deux d'y claquer...

Q. : Mais pourquoi quitter Paris, l'effervescence d'un milieu artistique où vous faisiez vos débuts ?

A. M. : L'appel de l'Orient et de cette Voie. Sur le bateau, je me souviens avoir entendu un aventurier raconter dans un remous d'intérêt et d'hostilité la découverte de deux squelettes — sans doute des pilleurs de sépultures — qu'on avait trouvés lors des fouilles de la Vallée des Rois sur le sol d'une salle souterraine d'où partaient des galeries tapissées à l'infini de momies de chats sacrés... Il me racontait cela alors que nous étions devant un grand pan rouge de la côte d'Egypte. Tout cela m'excitait et renforçait mon obsession de l'Asie et des temples. Je rêvais de passages d'armées, de caravanes franchissant des gués tièdes, de vieux rois décomposés par la main des femmes, et de ce qui était indestructible : les temples, les dieux de pierre vernis par les mousses...

Q. : Vous quittiez aussi un vieux monde qui vous avait déçu...

A. M. : Evidemment ! J'avais réfléchi, sans avoir la naïveté d'en être surpris, aux conditions d'une civilisation qui fait à l'esprit une part telle que ceux qui s'en nourrissent, gavés sans doute, sont doucement conduits à manger à prix réduits. Alors ? Aucune envie de vendre des autos, des valeurs ou des discours, comme ceux de mes camarades dont les cheveux collés signifiaient la distinction, ni de construire des ponts, comme ceux dont les cheveux mal coupés signifiaient la science. Pourquoi travaillaient-ils, eux ? Pour gagner en considération. Inutile de vous dire que je haïssais cette considération qu'ils recherchaient. La soumission à l'ordre de l'homme sans enfants et sans dieu est la plus profonde des soumissions à la mort... Donc, chercher ses armes où ne les cherchent pas les autres. Ce que doit exiger d'abord de lui-même celui qui se sait séparé, c'est le courage...

Q. : Vous définissez là une éthique de l'héroïsme moderne...

A. M. : Avec une ligne directrice : l'absence de finalité donnée à la vie était une condition de l'action. Il y avait là comme une harcelante préméditation de l'inconnu. Il s'agissait bien d'arracher ses propres images au monde stagnant qui les possède...

Q. : Là, comme ensuite en Espagne ou pendant la Résistance, être tué, disparaître, peu vous importait...

A. M. : Il s'agissait de ne plus tenir à soi-même. Mais accepter vivant la vanité de son existence, comme un cancer, oui, vivre avec cette tiédeur de la mort dans la main... Oui, posséder plus que soi-même, échapper à la vie de poussière des hommes que j'avais côtoyés jusque-là...

Q. : Fût-ce pour ne rapporter que huit cents kilos de pierre et être condamné ?

A. M. : Je suis reparti. Je n'ai jamais supporté l'échec. J'avais vu la faillite du système colonial. J'étais résolu à prendre le parti des opprimés. (...)

BUREAU DE LA RUE DE VALOIS, VERS 1965

Q. : Vous aimez cet endroit ?

A. M. : Il faut que vous attiriez mon attention sur ce bureau que je ne vois plus depuis des années. Que vous dire, c'est du mobilier d'Etat. Je ne déteste pas ces moulures Louis XVI sur des panneaux blancs, les hauts rideaux aux embrasses d'amarante Empire, les fauteuils aux tapisseries héraldiques et cette lampe dont, regardez, l'abat-jour de métal monte et descend sur une tige grâce à une clé frappée d'un N.

Q. : Un objet historique, je suppose...

A. M. : Une lampe de Napoléon. Laissée là par le roi Jérôme.

Q. : Et les lieux ?

A. M. : Les jardins du Palais-Royal, la proximité de la Comédie-Française dont j'aime voir s'allumer les fenêtres, et le fantôme de Colette...

Q. : Qu'est-ce qui vous a marqué ces derniers temps ?

A. M. : J'ai fait un grand voyage. L'Inde, le Gange, Bénarès. J'ai, selon l'usage, porté des fleurs sur la dalle funéraire de Gandhi. Pour le peuple de l'Inde, il est devenu un avatar de Vishnou. J'ai aussi souhaité porter une gerbe sur la dalle de Nehru. Sa place est marquée par un carré d'herbe. Les dalles sont symboliques, puisqu'elles ne recouvrent pas de corps. L'homme qui, lorsque je suis venu à Delhi pour la dernière fois, tenait l'Inde entre ses mains aux gestes frileux, c'est un carré d'herbes sur lequel le vent déjà chaud faisait onduler de courtes graminées, parmi les fleurs coupées qu'ont jetées des mains jointes...

Q. : On dirait que vous êtes commis aux commémorations, Nehru, Jeanne d'Arc, Jean Moulin...

A. M. : Ce n'est pas la même chose. Il y a quatre ans, à Orléans, devant la foule massée dans l'immense place du Martroi, j'ai évoqué le sacrifice de la Pucelle : « Et la première flamme du bûcher l'atteignit. Alors, depuis ce qui avait été la forêt de Brocéliande jusqu'aux cimetières de Terre sainte, la vieille chevalerie morte se leva dans ses tombes. Dans le silence de la nuit funèbre, écartant les mains jointes de leurs gisants de pierre, les preux de la Table ronde et les compagnons de Saint Louis, les premiers combattants tombés à la prise de Jérusalem et les derniers fidèles du petit roi lépreux, toute l'assemblée des rêves de la chrétienté regardait, de ses yeux d'ombre, monter les flammes qui allaient traverser les siècles, vers cette forme enfin immobile, qui devenait le corps brûlé de la chevalerie. »

Q. : C'est un discours superbe. Et Jean Moulin ?

A. M. : Le vent soufflait dans le micro, faisait tourbillonner sur les pavés une poussière gelée. Je finis mon discours. Tout semble suspendu. On n'applaudit pas les oraisons funèbres. Le *Chant des partisans* se lève, on emporte les restes de Jean Moulin dans la nef où le général de Gaulle va saluer la famille. A cet instant, je me suis souvenu de ma visite en ces lieux en 1933 : une petite fille jouait dans la nef romaine avec un ballon rouge... Je sors avec Laure Moulin. La place n'est pas encore ouverte au public, le corps diplomatique part, restent ceux des vieux drapeaux, ceux de la Libération, ceux des maquis, les survivants des camps. Dix millions de Français ont suivi cette cérémonie à la télévision. Mais la télévision ne montrait pas que tous ces porte-drapeaux étaient des vieillards ; que sur la place il ne restait pas un homme jeune. Pour qu'ils se reconnaissent, il fallait que le jour baisse...

Q. : Il y a chez vous comme une obsession des sacrifiés, Jeanne d'Arc, Jean Moulin. Je me souviens d'une page extraordinaire des *Noyers de l'Altenburg* où vous évoquiez Nietzsche...

A. M. : C'est plus confus dans ma mémoire, d'autant plus que je n'ai jamais voulu que ce livre soit republié... Il me semble me souvenir que l'un des participants au colloque de l'Altenburg raconte le voyage qu'il a fait en train avec Nietzsche, de Turin à Bâle... Le train est bondé : ouvriers italiens, pauvres gens, autant de visages de la misère. Nietzsche et celui qui l'accompagne trouvent enfin des places dans un wagon étroit où est déjà installée une paysanne, un panier sur les genoux. De temps à autre, une poule passe la tête, lâche un caquètement idiot. Nietzsche est déjà sujet à des accès furieux. Et voilà que le train s'engage dans le tunnel du Saint-Gothard. Le tunnel vient d'être achevé et la traversée dans la suie et une totale absence de lumière dure trente-cinq minutes. Et soudain une voix s'élève dans le noir, au-dessus du tintamarre des essieux, une voix claire avec une articulation parfaite, Nietzsche chante son dernier poème, *Venise*, et c'est proprement sublime... Et quand le train sort du tunnel, tout est comme avant, Nietzsche hébété, cadavérique...

Q. : C'est le mystère de l'art...

A. M. : C'est le mystère de l'homme dépassé par son mystère, et capable l'instant d'un geste épiphanique d'effacer les millénaires du ciel étoilé...

Q. : Il vous hante ?

A. M. : Ils me hantent tous. Surtout au crépuscule. Lui,

et Rembrandt, et les peintres anonymes de Lascaux, et la petite plume de Klee, le bleu des raisins de Braque, et du fond des empires leur répond le chuchotement des statues qui chantaient au lever du soleil...

PAVILLON DE LA LANTERNE, HIVER 1967

Il neige sur le pavillon et son jardin. La Lanterne est un château minuscule ; lanterne, en architecture, s'appliquant à des pièces éclairées des deux côtés. Malraux réside là, depuis qu'il a quitté sa maison de Boulogne, après l'attentat de février 1962 dans lequel la petite Delphine Renard a perdu la vue. Il bénéficie de l'hospitalité du Premier ministre Georges Pompidou. Le Mobilier national a installé pour lui dans le salon un secrétaire, deux beaux sièges Régence recouverts de cuir écaillé, qui appartenaient à la collection Coty, et un buste de Mme de Pompadour. Cette maison fit partie de la ménagerie de la duchesse de Bourgogne. Deux massacres de cerfs surmontent la porte sur lesquels grimpent les chats de Malraux.

Q. : Vous avez commencé la mise en forme de vos souvenirs ?

A. M. : Oui. A travers tout ce que j'ai fait, j'essaye de retrouver un fil, le lien d'une énigme fondamentale. Et ce à travers la création romanesque, les guerres, l'Histoire peut-être, les musées vrais ou imaginaires, la culture... C'est étrange l'écriture... Elle pose sur ma vie un soleil invisible, fait apparaître des nébuleuses. Les moments les plus profonds de ma vie ne m'habitent pas, ils m'obsèdent et me fuient tour à tour. En face de l'inconnu, certains de nos rêves n'ont pas moins de signification que nos souvenirs. Les rêves que j'ai vus, devrais-je dire comme en japonais...

Q. : Je crois savoir que la figure de votre grand-père hante la mise en forme de ces souvenirs ou de ces rêves... Et le suicide de votre père...

A. M. : Oui, et ce grand-père hantait déjà *La Voie royale*. Ce qui me fascine surtout, c'est sa mort de vieux Viking. Je crois qu'il était plus fier de son brevet de maître tonnelier que de sa flotte. C'était un armateur de Dunkerque, très soucieux de maintenir les rites de sa jeunesse. Il s'est ouvert le crâne, d'un coup de hache à deux tranchants, en achevant symboliquement, selon la tradition, la figure de proue de son dernier bateau... On le voyait déjà apparaître dans *Les Noyers de l'Altenburg*... Simplement la forêt avait pris la place de la mer...

Il s'est levé et regarde tomber la neige sur les cônes des buis. Il dit :

A. M. : Réfléchir sur la vie — la vie en face de la mort —, il n'y a que cela qui m'intéresse. Sans perdre de vue les trois ordres de vie qui auront toujours été les miens : l'ordre de l'esprit et de la fiction qui est celui des artistes, l'ordre du combat et l'ordre de l'Histoire...

(...)

VERRIÈRES, 1972

Terrasse luisante et morte. Effluves de roses, de terre automnale et mouillée. Malraux campe sous les toits, dans la maison de Louise de Vilmorin, dans un petit appartement surnommé « Les bateaux ». Il a fait déménager de la Lanterne ses papiers, ses livres, ses sculptures, le vase chinois que lui avait remis Mao Tsé-toung. Il médite là devant une toile de Braque, cadeau de l'artiste, une barque bleue échouée sur une grève et enserrée dans un cadre noir spécialement conçu par le peintre à cet effet. Il médite et il contemple le jardin avec ses bouleaux, ses pins, sa pelouse légèrement incurvée — comme celle de l'Elysée —, le cèdre du Liban centenaire. Il reçoit au rez-de-chaussée, dans le salon bleu que décore un portrait de Louis XIV...

Q. : Vous avez de nouveau des projets ?

A. M. : Oui, je suis comme Lazare, je suis sorti des ombres... Je suis de nouveau hanté par le Musée imaginaire... Et je sais que son dieu, c'est l'Inconnaissable-fait-art... Notre art, depuis Manet jusqu'à Picasso, est inséparable de notre dialogue avec le Musée imaginaire, qu'il ressuscite...

Q. : Vous allez toujours dans le concert et le flux des œuvres...

A. M. : Plus que jamais. Vous savez, j'avais vingt ans quand j'ai rencontré Braque... Les œuvres sont objets de métamorphose comme les dieux...

Q. : Et l'acte créateur est comme le chant de Nietzsche dans le tunnel du Saint-Gothard...

A. M. : Par l'acte créateur, l'homme invente une autre corrélation fondamentale. C'est pourquoi j'ai écrit, il y a vingt-cinq ans, que nous éprouvions l'art comme un anti-destin. Il le restera tant que durera cette civilisation...

Q. : J'aimerais, pour finir, que nous parlions des *Chênes qu'on abat*... Comment avez-vous procédé ? Et quelle est la part de la mémoire ? Et celle de la transfiguration ?

A. M. : C'était le jeudi 11 décembre 1969, le Général m'avait invité à déjeuner à la Boisserie. Rien ne me permettait de penser que ce serait notre dernière rencontre... La neige avait rendu la route impraticable. J'ai donc regagné Paris en chemin de fer. Trois heures durant, j'ai pris des notes, relatives à l'entretien que nous venions d'avoir, aux idées ou aux formules du général de Gaulle, et à l'atmosphère : la neige, la forêt. Transfiguration, je ne sais pas. Je crois que ce qui est important dans *Les Chênes qu'on abat*, c'est la neige, comme dans *Macbeth*, c'est le brouillard... Il ne s'agit pas essentiellement d'un dialogue entre lui et moi, mais, à travers moi, d'un dialogue entre lui, l'Histoire, les arbres, la nuit, la neige... Il me semble que la neige est une puissante expression de ce que le temps oppose aux passions des hommes [1]...

1. Les citations sont toutes de Malraux, à quelques légères transformations près. Elles proviennent de *La Voie royale*, du *Miroir des Limbes* (tomes I et II), des *Noyers de l'Altenburg*, des *Voix du silence* et du beau livre d'André Brincourt, *Malraux le malentendu* (Grasset, 1986).

III

PORTRAIT DE L'ARTISTE EN CONQUÉRANT

Toute sa vie, Malraux restera un inventeur de royaumes. De *Royaume-Farfelu*, qu'il publie à la N.R.F. au début de son aventure littéraire — et qui n'est qu'une cristallisation de féeries et d'images — à *La Voie royale* et au *Démon de l'absolu*, on retrouve ce même motif de la quête et de l'invention d'un royaume perdu. Des royaumes « farfelus » — l'adjectif vient de Rabelais — aux royaumes mythiques du Cambodge et de la reine de Saba, c'est un même appel vers des ailleurs de rêve, loin des contingences et des ancrages du vieux monde. On pourrait limiter la songerie à l'erre de dérives mentales. Elle pourrait garder ce mode particulier qui la fait vivre entre illuminations et concrétions métaphoriques, mais le jeune impétueux n'aspire qu'à lui donner un *corps*, la rêverie et les illuminations ne sont rien sans cette étreinte très rimbaldienne de la *réalité rugueuse*, sans cette attraction de l'Orient extrême à laquelle on cède, pour trouver l'or enfoui de peuplades fabuleuses, *pour faire de l'or.*

Autant dire, d'emblée, que nous ne lirons jamais l'invention des royaumes chez Malraux que sur le registre poétique. Il est le seul qui permette de comprendre cette inlassable quête de territoires merveilleux — les villes mortes de la Voie royale, le royaume disparu de la reine de Saba, et la

Résistance, et le Musée imaginaire, cette recherche permanente d'un lieu où l'on n'exposerait plus simplement des œuvres, mais l'*acte créateur...* —, sans sombrer dans une approche réaliste et réductrice qui fait de Malraux un aventurier intéressé, mythomane, peut-être avant tout soucieux de gloire. Et alors ! La gloire est ce soleil aléatoire et convoité qui nimbe les heures noires de celui qui plonge dans la boue, la mort, la touffeur moite des forêts englouties, les maquis, les tempêtes de sable. La gloire est l'incarnation lumineuse du nom que quête celui qui part, rebelle, incendiaire — mais son combustible, c'est l'illumination —, révolté contre un certain ordre des choses et peut-être avant tout contre l'ordre du monde. Il y a dans les ardeurs et les crispations de Malraux la prescience de cette impossibilité native, de cette incapacité irréductible à vivre dans les cadres, les cases du monde ancien, le refus de la soumission à une ossature sociale qui n'est qu'un treillis de poussière.

Partir. Connaître le vertige de l'étrave qui fend les eaux, les miroitements de l'écume, écouter sur le pont les récits de ceux qui sont déjà partis, de ceux qui ont plongé dans la nuit des forêts magiques, touché les pierres, entendu les cris de guerre des tribus sauvages, déjoué les pluies de flèches de curare, de ceux qui ont profané, qui ont pillé au nom de cet idéal qui est leur enrichissement, cet idéal dont le nom brut est le gain, et le nom mythique gloire, rayonnement magnétique d'une royauté solitaire, une royauté dans laquelle, par son geste de profanation et de conquête, l'aspirant roi se sacre lui-même.

*

Souvent ces rêves de départ et d'effraction de l'ailleurs naissent dans l'enfance. Une chape de réserve et de silence recouvre celle de Malraux. Une figure émerge toutefois, celle d'un grand prêtre des ailleurs et des songes, celle du grand-père. Cette figure intime revient à plusieurs reprises, muée en personnage, mais elle n'est jamais si nette que dans *La Voie royale* où elle est évoquée — célébrée — avant même que ne commence la diction de l'expédition. Et c'est un homme blessé, dégoûté que revoit Claude Vannec sur la route de l'Orient. Sa flotte a fait naufrage au large de Terre-Neuve, il a dû distribuer aux veuves des piles de billets aussi nombreuses que ses marins morts : c'est la faillite. Le portrait est juste, beau, une sereine distillation d'amertume. Malraux montre le vieil homme « seul dans la vaste salle à manger, assis dans un fauteuil à torsades, buvant à petits coups un verre de son meilleur vin [1] ». Il s'est placé en un lieu qui est le refus de l'ordre établi. La municipalité refuse-t-elle l'hospitalité à un cirque, le vieillard l'accueille aussitôt dans son ancienne cour aux voiles et demande à sa bonne d'ouvrir pour l'éléphant la porte à deux battants... Il reste au vieil homme le plaisir très solitaire des navigations mémorielles. « Dans ce vieil homme simple, écrit Malraux, grandi par les morts qui l'entouraient et par la lumière tragique dont la mer colore les vies qui lui ont été vouées, il y avait un Ecclésiaste inculte, mais qui ne craignait pas le Seigneur [2]... »

Fortifié par ses errances mémorielles, auréolé de deuil et de grisaille marine, le grand-père devient ce prêtre initié qui le soir instruit le petit-fils, lui délivrant « des paroles venues, à travers le temps ou la mer, de contrées habitées par des hommes qui eussent connu, mieux que tous les

1. *La Voie royale*, pp. 28-29.
2. *Ibid.*, p. 30.

autres, le poids, l'amertume et la force obscure de la vie[1] ». Et le grand-père dit alors l'ancrage nocturne du *genos*, la trame des filiations et la force d'un nom, lourd comme un étendard à porter :

« Une mémoire, mon petit, c'est un sacré caveau de famille ! Vivre avec plus de morts que de vivants... Les nôtres, je les connais bien : en tous — en toi aussi — il y a la même nature. Et quand ils n'en veulent pas... tu sais qu'il y a des crabes qui nourrissent maternellement, sans s'en douter, les parasites qui les rongent ?... Etre un Vannec, ça veut dire quelque chose, en bien comme en mal[1]... »

Le voyage vers l'Orient extrême commence sous le signe du grand ancêtre déniaisé par la marâtre marine, les deuils, la cruelle loi du destin, le poids d'un nom. Claude Vannec vogue vers le continent des temples perdus, habité par un fantôme à l'ossature de marin, un fantôme aux couleurs de la mer aussi, le souvenir d'un vieillard qui, après que son petit-fils fut parti poursuivre ses études à Paris, se rendait chaque jour au mur des marins disparus en mer pour envier leur mort et « accorder avec joie sa vieillesse et ce néant[1] ». Dans la mémoire de celui qui glisse vers l'Asie de ses fascinations et de ses hantises, la nuit tombe de nouveau sur l'hôtel de Dunkerque, le pavé sonore du perron et les voiles brunes de la cour, la nuit tombe et l'aventurier novice se souvient d'une mort sacrificielle et magnifique, celle du grand-père pris d'un étourdissement en manœuvrant une hache à double tranchant lors même qu'il voulait montrer à un ouvrier trop lent comment, de son temps, on fendait le bois des proues. « Et Claude, en face de Perken, retrouvait le goût, l'hostilité, le lien pas-

1. *Ibid.*, p. 31.

sionné qui l'avaient attaché à ce vieillard de soixante-seize ans décidé à ne pas oublier sa maîtrise passée et qui était mort ainsi, dans sa maison abandonnée, d'une mort de vieux Viking[1]. »

Vannec se remémore l'image du vieux Viking foudroyé en sculptant son ultime figure de proue et il regarde Perken. Claude ne pense qu'à trouver ses temples, et surtout ses statues. Perken ne rêve que de remonter sur ses hautes terres où il s'est constitué comme un fief. C'est un hors-la-loi, un *révolté métaphysique* — comme le dira Clara —, et l'on songe à de nombreux aventuriers qui partirent loin et connurent ces destinées héroïques et tragiques : le baron de Mayrena qui s'était proclamé roi des Sédangs et avait régné pendant deux ans, à la fin du siècle, revêtu de plumes, d'ornements, de talismans et de médailles, Prosper Odend'hal mort en 1904 parce qu'il était imprudemment entré dans la hutte d'un sorcier qui renfermait l'épée sacrée des Jarais susceptible de déchaîner la foudre. Pour ce qui est de l'autre aventurier, Grabot, celui que va chercher Perken, Malraux se serait rappelé une histoire que lui avait racontée Kessel. Sur un quai de Shanghai, Kessel avait rencontré un mendiant aveugle. Et comme il l'interrogeait en russe, l'homme avait tressailli avant de déclarer d'une voix caverneuse : « J'étais avec Unberg-Sternberg, vice-roi de Mongolie. » Il était resté à Urga tandis que Unberg-Sternberg chevauchait avec ses cosaques pour contrer la progression des Rouges. Et les habitants d'Urga s'étaient emparés de lui et lui avaient crevé les yeux. Sous les paupières éteintes d'un mendiant roulaient les images fabuleuses d'une épopée...

C'est comme un *patron*, la figure de celui qui rompt toute amarre avec une société qui ne lui offre qu'une place

1. *Ibid.*, p. 32.

subalterne pour s'inventer aux confins du monde une royauté autarcique et éphémère. D'où la justesse de ce mot de Perken qui dit en substance que seules comptent les royautés que l'on conquiert. L'invention des royaumes occupe donc Vannec et Perken, mais de façon différente : l'un songe à extraire des pierres sacrées de la jungle, l'autre vise à retrouver Grabot et sa royauté des hauteurs. « Perken, dit Malraux, était de la famille des seuls hommes auxquels son grand-père — qui l'avait élevé — se sentît lié. Lointaine parenté : *même hostilité à l'égard des valeurs établies, même goût des actions des hommes lié à la conscience de leur vanité ; même refus surtout*[1]. »

Et ils vont s'enfoncer dans la forêt impénétrable, tissée de lianes, d'écorces suintantes, de fougères géantes, la forêt creusée de fondrières, de ruisseaux insidieux. Devant Ramèges — le fonctionnaire timoré, le tenant de l'ordre censé veiller sur les temples — le futur historien de l'art, le futur ministre a parlé :

« J'en viens donc à dire que la valeur essentielle accordée à l'artiste nous masque un des pôles de la vie de l'œuvre d'art : l'état de la civilisation qui la considère. On dirait qu'en art le temps n'existe pas. *Ce qui m'intéresse, comprenez-vous, c'est la décomposition, la transformation de ces œuvres, leur vie la plus profonde, qui est faite de la mort des hommes. Toute œuvre d'art, en somme, tend à devenir mythe*[2]. »

Et encore :

« Les musées sont pour moi des lieux où les œuvres du passé, devenues mythes, dorment — vivent d'une vie historique — en attendant que les artistes les rappellent à

1. *Ibid.*, p. 25. C'est nous qui soulignons.
2. *Ibid.*, p. 61. C'est nous qui soulignons.

une existence réelle. *Et si elles me touchent directement, c'est parce que l'artiste a ce pouvoir de résurrection*[1]... »

Le fonctionnaire de l'art, souriant et dubitatif, semble ne pas comprendre ce que lui dit le futur ministre... Et le futur ministre s'immerge déjà dans la lumière glauque des bois engloutis, une certitude chevillée à l'être : la volonté. Il est comme Perken. Son aimant, c'est la volonté. Exister. Laisser une cicatrice sur la carte de la Voie royale. Jouer contre sa mort. Un aimant, et le *credo* de l'aventurier. Asseoir un pouvoir sur un territoire, des hommes, et des corps de femmes. Tout corps que l'on n'a pas eu est ennemi.

Mais il est des moments où la brutale réalité de la matière fait oublier la rectitude lumineuse des principes, il est des moments où, comme dans toute quête, la matière, son opacité, le buisson de ses possibles sont tels qu'on ne peut qu'oublier de *tenir droite voie*, perdu dans une « vie sans horizon » et des « ténèbres marines[2] ». La matière est pullulement de termites, feuilles gluantes, passées louches de lumière, œufs, cancrelats, phosphorescences d'insectes, textures arachnéennes, touffeur, sol fangeux qui se dérobe sous les pas. Et la matière semble vivre à un rythme, selon des cycles et des lois qui excluent l'homme. Parfois on croit retrouver la naissance d'une muraille, l'amorce d'une enceinte sacrée. « Des dalles envahies par les basses herbes conduisaient à une nouvelle masse sombre : une seule tour, de toute évidence ; il connaissait les plans de ce genre de sanctuaire. Libre enfin de courir comme un homme il se jeta en avant, la tête mal protégée par le bras replié, au risque de s'ouvrir la gorge sur une liane de rotin.

1. *Ibid.* C'est nous qui soulignons.
2. *Ibid.*, p. 97.

Inutile de chercher des sculptures : le monument était inachevé[1]. »

L'expression littéraire de Malraux — l'ouvrage est publié en 1930 — atteint en ces pages une rare puissance poétique. Est-ce le souvenir, la dureté de l'expérience, l'esprit de la forêt terraquée qui reviennent modeler la phrase ? « La forêt s'était refermée sur cet espoir abandonné. Depuis des jours, la caravane n'avait rencontré que des ruines sans importance ; vivante et morte comme le lit d'un fleuve, la Voie royale ne menait plus qu'aux vestiges que laissent derrière elles, tels des ossements, les migrations et les armées[2]. »

Le danger rôde. Des fumées montent de l'épaisseur du couvert. Les sauvages nomades brûlent leurs morts dans la forêt... De nouveau la route hasardeuse des bois, les ravins, la marée des arbres. Et soudain le miracle, des blocs, les pierres... « Sa colère disparut dans ce minuscule espace éblouissant ; la joie l'envahit, une reconnaissance sans objet, une allégresse aussitôt suivie d'un attendrissement stupide. Il avança sans y prendre garde, possédé par la sculpture[3]... »

Le sac peut commencer. Et le sacre de l'aventurier. On crève les rideaux de plantes, on découvre sous les mousses des murs de grès, des bas-reliefs indianisés, c'est un monde étrange, un continent de pierres mortes livré aux grenouilles et à la vie végétale, un univers qu'éclairent des lueurs filtrées, un « monde d'abîme sous-marin[4] ». On prend les scies, les lames. Le marteau, le pied-de-biche. Les sculptures sont là, immémoriales, tissues à la pierre rongée. Poussière de grès. Lames des scies qui rutilent. Et

1. *Ibid.*, pp. 104-105.
2. *Ibid.*, p. 106.
3. *Ibid.*, p. 113.
4. *Ibid.*, p. 115.

cette impression de faiblir, de ne jamais pouvoir arracher au temple végétal ses danseuses, ses dragons, ses veilleurs. Les opérations s'éternisent. Les statues résistent, entrelacées de terre et de végétaux. Et il faut continuer à entailler, à forer, dans ces senteurs de terreau moite et de feuillages pourris, de pierres lavées par les pluies, il faut cogner et surtout ne jamais relâcher l'effort de façon à extraire les pierres... Les têtes et les pieds des danseuses sont enfin dégagés. Les corps sont toujours prisonniers de la masse du temple. « Il respira enfin, lentement, profondément. Claude, lui aussi, était délivré ; plus faible, il eût pleuré. Le monde reprenait possession de lui comme un noyé ; la stupide gratitude qu'il avait connue en découvrant la première pierre sculptée l'envahissait à nouveau. *En face de cette pierre tombée, la cassure en l'air, un accord soudain s'établissait entre la forêt, le temple et lui-même.* (...) Sur la piste préparée, les indigènes, maintenant, poussaient les trois blocs l'un après l'autre. *Il regardait cette possession durement acquise, écoutant le choc amorti des faces qui, une à une aplatissaient les tiges des roseaux, et comptant, à demi conscient, les chocs successifs, comme un avare de l'argent*[1]. »

Cet accord trinitaire — la forêt, le temple et l'aventurier — consacre la quête de celui qui allait depuis des jours dans le bief indécis des règnes. Et ces pierres, ce sont des aérolithes, des émeraudes célestes, une nourriture sacrée. Et de l'argent aussi, une fortune potentielle. Arches fabuleuses tout au fond de forêts que ne visitent que les guerriers et les pillards. Les rebelles, les réfractaires, les fervents des sécessions et des transgressions. Les danseuses sont là, enfin, fines, déliées. Elles sont la grâce d'une quête récompensée. Elles sont de l'or. Tout chevalier

1. *Ibid.*, pp. 127-128. C'est nous qui soulignons.

arthurien rêve depuis les origines de ce château où il verra une lumière surnaturelle jaillir d'une coupe et d'une lance. Et il a parcouru les landes, les gués, les refuges d'ermites, les layons boueux, les chapelles maléfiques, les châteaux vides et hantés qui broient les visiteurs intrus en laissant tomber à leur passage d'invisibles herses... Sous les mousses et les insectes de la jungle, les danseuses de la Voie des rois archaïques libèrent soudain cette lumière surnaturelle. Mais on ne quitte jamais un château arthurien en cachant dans sa saie des flambeaux ou de la vaisselle sacrée. On reprend l'errance seul et nu, enrichi d'une vision fugace... On n'arrache pas plus les corps des dieux des murailles de leurs sanctuaires engloutis.

Dans la réalité d'une vie et bien avant la transfiguration poétique de *La Voie royale*, Malraux et son compagnon Louis Chevasson furent accusés de « bris de monuments » et de « détournement de fragments de bas-reliefs dérobés au temple de Banteay Sreï, du groupe d'Angkor » et cités à comparaître devant le tribunal correctionnel de Phnom Penh, le 16 juillet 1924, à 7 h 30. Dans son *Malraux, une vie dans le siècle*, Jean Lacouture rapporte le témoignage de l'envoyé spécial de *l'Impartial* de Saigon : « C'est un grand garçon maigre, pâle, au visage imberbe éclairé par deux yeux d'une extrême vivacité... Il a la parole facile et se défend avec une âpreté qui décèle d'incontestables qualités d'énergie et de ténacité... Il a su défendre ses positions avec une surprenante énergie, refusant tous les points de l'instruction [1]. » Mais il n'est pas au bout de ses démêlés judiciaires. A Paris, circule, à l'initiative de Max Jacob et de Breton, une pétition que signeront Mauriac, Jacques

1. Jean Lacouture, *Malraux, une vie dans le siècle*, p. 54.

Rivière, Gaston Gallimard, Gide, Soupault, Aragon, Anatole France et d'autres. Malgré cela, Malraux est condamné à un an et Chevasson à huit mois de prison avec sursis. Les bas-reliefs enlevés doivent être impérativement restitués. Le 1er novembre 1924, Malraux et son ami s'embarquent sur le *Chantilly* à destination de Marseille. Sur les pas d'un autre trafiquant de verbe et d'or.

Ces pierres sacrées, qui sont comme une préfiguration des *monnaies de l'absolu*, hanteront Malraux jusqu'à ce qu'il se libère de leur puissance et de leur charme en écrivant les pages somptueuses de *La Voie royale*. Mais il n'a toujours pas épuisé la tentation de l'aventure. Une nouvelle expédition l'attire. On est au début des années 30. Malraux s'est mis dans la tête de survoler l'ancien royaume de la reine de Saba. Evoquant cette expédition trente ans plus tard dans les *Antimémoires*, il dit : « (...) l'aventure suprême devint la pénétration dans un monde interdit. Le prestige dc l'Arabie tint alors aux Villes saintes, aux émirats indépendants dont l'Angleterre continuait à assurer la solitude. Notre paquebot se dirige vers Aden, d'où Rimbaud partit pour l'Abyssinic ; et il vient de Djcddah, d'où T. E. Lawrence partit pour le désert arabe[1]... »

Là encore il y a à l'horizon de l'aventure une figure dont il émane une rare force d'aimantation : la reine de Saba. « Peu de femmes, raconte l'autobiographe fantasque des *Antimémoires*, sont entrées dans la Bible ; elle y vient de l'inconnu, avec son éléphant couronné de plumes d'autruche, ses cavaliers verts sur des chevaux pie, sa garde de nains, ses flottes de bois bleu, ses coffres couverts de peau

1. *Le Miroir des Limbes*, tome I, p. 68.

de dragon, ses bracelets d'ébène (...), ses énigmes, sa légère claudication et son rire qui a traversé les âges. Et son royaume appartient aux civilisations perdues [1]. » Si les temples de la Voie royale avaient une indéniable existence, les contours et les restes du royaume de Balkis relèvent à l'évidence du mirage. Mais l'acharnement et la détermination de Malraux sont sans faille. Il se rend au Caire dans le bureau d'Henri Munier qui est archéologue et historien de l'Eglise copte, secrétaire général de la Société de géographie d'Egypte. La réponse de l'archéologue est cinglante :

« La reine de Saba, monsieur Malraux, soyons sérieux... Pourquoi pas Brocéliande ? Une figure de légende, rien de plus ! Elle a fait rêver des millions d'hommes depuis trente siècles ; mais rien, absolument rien, n'a jamais établi un lien — je parle en historien — entre la femme sortie du désert pour commercer avec Salomon et le Yémen où, me dites-vous, vous voudriez retrouver sa capitale, son palais et ses temples... Elle s'est évanouie sans laisser de traces [2]... »

Trente après l'expédition, Malraux le reconnaît : « Ces terres légendaires appellent les farfelus [3]. » Comme Angkor, Brocéliande et toutes les terres qui scintillent à l'horizon du désir et du rêve. Les forêts, les châteaux, le maillage des fougères et des hampes de verdure, les clairières, les chemins d'eau, les temples perdus sous le feutrage des mousses et des algues des bois... Ces défilés sauvages, ces passages incertains qui mènent aux pierres

1. *Ibid.*, p. 68.
2. Propos rapportés par Curis Cate, in *Malraux*, p. 245.
3. *Le Miroir des Limbes*, tome I, p. 71.

aux formes surnaturelles et au trône des royautés érémitiques et sous-marines...

Ici, c'est d'autre chose qu'il s'agit. Un territoire de sable, des ruines de pisé ou d'argile ocre dessinées à la façon d'un cryptogramme, un monde de caravanes et de convois qu'emmènent des bêtes comme on en voit dans les songes ou dans les livres, un monde sec, brûlé de sable et de vent solaire, un monde de Bible magique, d'Ancien Testament chamarré et rugueux, de contes et de prophéties, d'ardeur et de sang. Le Livre est encore plissure de charmes, rouleau de dits mythiques qu'on colporte, il n'est pas le lange de l'Oint, ce linge de clous et de lettres sanglantes, dans la cendre et la sueur de Gethsémani. Et elle est belle cette légende qui glisse sur les ondulations du sable :

« Depuis des années, Salomon avait fui Jérusalem. Asservis au sceau dont le dernier caractère ne peut être lu que par les morts, ses démons l'avaient suivi à travers le désert. Et dans une vallée de Saba, le roi qui avait écrit le plus grand poème du désespoir regardait, mains croisées sous le menton et appuyées sur le haut bâton de voyage, les démons qui depuis tant d'années élevaient le palais de la reine. Il ne bougeait plus jamais, montrant seulement de l'index le sceau tout-puissant. Comme l'ombre des soldats romains à demi ensevelis, son ombre chaque soir s'étendait jusqu'aux confins du désert, et les démons du sable travaillaient toujours, envieux de leurs frères libres qui hurlaient à travers le désert avec la voix des trombes.

« Un insecte vint, qui cherchait du bois. Il vit le bâton royal, attendit, prit confiance, commença de le forer. Bâton et roi tombèrent en poussière : le Seigneur du silence avait voulu mourir debout pour asservir à jamais à la reine tous les démons qu'il gouvernait. Délivrés, ils

coururent à la ville. Elle était déjà en ruine, et la reine était morte depuis trois cents ans. Ils cherchèrent son tombeau jusqu'à ce qu'ils eussent trouvé l'inscription illustre :

« "J'ai déposé son cœur enchanté sur des roses, et j'ai suspendu au baumier une boucle de ses cheveux.

« "Et celui qui l'aimait serre sur son cœur la boucle, et s'enivre de tristesse en la respirant..."

« Et ils s'enfuirent à travers le désert, ayant trouvé la reine aux jambes inégales ensevelie dans un cercueil de cristal que veillait, immobile et constellé, un serpent immortel[1]. »

Où l'a-t-il entendue pour la première fois cette légende des sables ? Dans l'hôtel d'armateur du grand-père ? Dans un café, cherchant dans le *Bottin de l'étranger* « les villes romanesques » ? A moins qu'il ne s'agisse d'une voix souterraine, d'une obscure prédestination qui le jette vers la constellation de Rimbaud et de T. E. Lawrence...

Au moment d'entreprendre cette expédition aérienne, un autre fantôme obsède Malraux, celui d'un homme qui s'est déjà aventuré dans le royaume de Saba, un certain Arnaud. Comme si la figure d'un aventurier cachait toujours le palimpseste de sable d'un devancier. Comme si l'invention des royaumes était une chaîne invisible de passeurs de l'extrême. Royauté non pas héréditaire, mais mythique, commandée par le passage d'un *témoin magnétique* que ne perçoivent pas des regards ordinaires, une pierre de feu, une pierrerie de la tiare d'une reine endormie dans une châsse de cristal. « Aujourd'hui, écrit Malraux de longues

1. *Ibid.*, pp. 70-71.

années après le survol des ruines hypothétiques, que Saba encore inviolée soit dédiée à cet aventurier apparu un instant, et disparu aussitôt dans l'assassinat ; pour que là où sont ses os — car il est sûrement de ces aventuriers sans tombe, fascinés par la seule passion du hasard et retournés au hasard — il joue, comme jouent les morts qui tout le long de leur vie furent courageux et frivoles, avec ses terrasses sans fleurs, ses observatoires en poussière, ses entrepôts de parfums et ses ruines qui semblent frémir de solitude sous la tache silencieuse des oiseaux[1]... »

Avec son compagnon Corniglion, Malraux survole donc ces paysages inaccessibles et désolés du Yémen. Désert, rivières asséchées depuis les hautes époques géologiques, tourbillons de sable, on croirait que sur ces vagues sans eau flambent comme des écailles de scorpion sacré... Et soudain des traces, des enceintes avec des éboulis plus clairs sur le sol, les vestiges sans doute d'une ville de brique retournée au désert. Un massif se dessine plus nettement avec une tour ovale, des enceintes et des bâtiments cubiques. Les aventuriers poursuivent le repérage et photographient. Quand tout à coup crépitent de petites flammes. On tire sur leur avion. La calligraphie de ruines et de jardins suspendus n'a pas révélé son chiffre. Que signifie cet H à plat sur la tour qui domine les ruines ? Les conditions de la navigation se gâtent. Impossible d'atterrir. « Nous reprîmes de la hauteur droit devant nous, pour survoler une autre ruine, petite et de peu d'intérêt ; puis revînmes sur la ville. Ainsi que les mains informes de dieux sabéens réveillés trop tard, brume et nuages commençaient à recouvrir ce naufrage échoué là comme un vaisseau de Babylone chargé de statues brisées[2]. »

1. *Ibid.*, p. 84.
2. *Ibid.*, p. 75.

Les photographies aériennes montrent dans le désert un filigrane de murailles et d'enceintes arasées. Et l'expédition déceptive s'apparente à une effraction, un repérage impie. Ici rien de tangible, pas de corps à corps avec la matérialité des hypogées et des douves magiques. Les orants, les veilleurs et les guerriers sont fossilisés dans le sable. Quelque part sous ces ondulations qui scintillent dans la lumière bouillante, la grande reine dort, dans son cercueil de cristal près du serpent immortel. Comme Viviane dans son hôtié de Brocéliande. Que verrait celui qui, après avoir cartographié le légendaire celtique et arthurien, irait survoler la forêt de Brocéliande pour traquer les signes de la présence des lieux de sortilège ? Des étangs, des schistes rouges, des pins, des pierres... L'archéologue d'Egypte avait peut-être raison, mais l'aventure de Malraux est belle, superbement déraisonnable, pleine de défi et de folie rimbaldienne, *poétique*. Ce désir de percer les claires-voies et les brèches opéradiques. Ce désir de capter les souches, les sources, les strates d'un mirage. Ce rêve d'Icare et cette volonté d'aller décrypter le désert-palimpseste. Car ils sont là, sous les ondulations et les scintillations du sable, les scorpions sacrés, les écailles des livres, les jarres d'onguents magiques et les émeraudes des tiares, et la poudre qui reste des pillards, des pérégrins, des guerriers-poètes. « Sur la croûte du désert, s'étendait peu à peu la courbe d'un immense poignard d'obsidienne fait de roches volcaniques, courbe, éclatant de facettes noires. C'était la vallée des Tombeaux que nous avions manquée, la vallée des Adites où la légende enterre les rois sabéens ; leurs tombeaux d'ardoise étincelaient en éclats carrés comme les fenêtres des villes au soleil couchant[1]. »

1. *Ibid.*, p. 75.

*

Toutes ces expéditions, et ces écritures d'expéditions, révèlent, comme les vagues et les jardins suspendus du désert, les linéaments d'une éthique de l'aventure. La fin de Perken dans la forêt siamoise est un exemple et une leçon de vie qui dépassent très largement les limites et les *realia* du parcours d'un aventurier blessé et condamné. C'est pour Claude qui a accepté de le suivre dans ce monde d'*impedimenta* et de dangers une leçon aussi forte que celle que délivrait le modèle du grand-père. Une leçon de transgression et d'ardeur. Perken est touché à la jambe et la gangrène s'installe. Comme chez Rimbaud, comme chez Gauguin, comme chez tous ces marcheurs qui ont osé franchir les lisières de la vision, les rives des splendides villes. Dans la forêt, Perken soliloque :

« La mort c'est autre chose : c'est le contraire. Vous êtes trop jeune. Je l'ai comprise d'abord en voyant vieillir une femme que... enfin une femme. (...) Ensuite, comme si cet avertissement ne suffisait pas, quand je me suis trouvé impuissant pour la première fois...

« (...) Toutes ces saletés d'insectes vont vers notre photophore, soumis à la lumière. Ces termites vivent dans leur termitière, soumis à leur termitière. JE NE VEUX PAS ÊTRE SOUMIS.

« (...) Toute ma vie dépend de ce que je pense du geste d'appuyer sur cette gâchette au moment où je suce ce canon. Il s'agit de savoir si je pense : je me détruis, ou : j'agis. LA VIE EST UNE MATIÈRE, IL S'AGIT DE SAVOIR CE QU'ON EN FAIT — bien qu'on n'en fasse jamais rien, mais il y a plusieurs manières de n'en rien faire [1]... »

Perken parle en artiste. C'est un sculpteur gagné par la

1. *La Voie royale*, p. 157 sq.

gangrène, dont le matériau de travail aurait toujours été sa vie. C'est un *confiteor* d'artiste et une leçon d'éthique. L'aveu de celui qui est allé plus loin que l'ordinaire qu'il hait, la confession résolue de celui qui sait parce qu'il a osé donner corps à son défi, à cette soif de transgression qui le taraudait. Voler des pierres. Marcher sous la menace des tribus insoumises. Tenter de retrouver dans la forêt aux lumières marines les contours d'une royauté insulaire. Contre les tribus, contre le vieux monde et sa peste qui s'appelle ici l'*ordre colonial*, contre les rentiers et les assis, tous les notables et les notaires, ceux qui thésaurisent, font fructifier l'or sans connaître la puissance de son irradiation métaphysique.

Claude contemple ce visage bientôt ravagé. La Voie royale se mue en escalade infernale. Remontée tragique jusque vers cet autre palimpseste qui tremble sous le texte de *La Voie royale : au cœur des ténèbres*. Claude Vannec est un puceau de l'horreur comme dirait Céline. Et il se demande pourquoi il a cédé à cette fascination, pourquoi il s'est trouvé emporté dans les dédales de cette initiation tragique. « Il ne pouvait pas l'abandonner, le livrer à la fois à cette humanité dont il le sentait à jamais séparé, et à la mort. *L'exercice de cette puissance qu'il ne connaissait pas l'attirait comme une révélation* ; surtout, c'étaient de telles résolutions, d'elles seules, qu'il nourrissait le mépris qui le séparait de toutes les acceptations des hommes. *Vainqueur ou vaincu, il ne pouvait en un tel jeu que gagner en virilité, qu'assouvir ce besoin de courage, cette conscience de la vanité du monde et de la douleur des hommes qu'il avait si souvent vus, informes, chez son grand-père*[1]... »

1. *Ibid.*, pp. 228-229. C'est nous qui soulignons.

Je relis ces lignes et je revois des visages, un adolescent blond au physique solide de Viking, un garçon ardent, convulsif, presque malrucien, ce sont mes élèves, en 1990-1991, une classe de futurs techniciens et d'ingénieurs, une première E du lycée Joliot-Curie à Rennes. J'ai inscrit au programme cette année-là *La Voie royale*. Ils peinent parfois, le texte leur résiste, mais il me semble qu'ils aiment, qu'ils cèdent au charme de cette prose et à la séduction de cette initiation. Eux qui vont se lancer dans le monde, c'est ce dont ils ont besoin, une leçon d'esthétique et peut-être surtout de vie. Après les cours, cette année-là et les suivantes, il m'arrive de retrouver certains d'entre eux, dans un bistrot de l'autre côté de l'avenue. Un de ces adolescents m'y avouera un jour — et sans flagornerie, sans volonté de plaire, tout simplement parce que la qualité de ces êtres et la nature de nos rapports nous placent en des lieux vrais — que de tous les livres que lui a *fait lire* l'institution scolaire, c'est incontestablement celui qu'il préfère. Je crois savoir que depuis il relit *La Voie royale* chaque été.

La préface du *Démon de l'absolu* trace de façon plus nette encore les contours de cette éthique de l'aventure. C'est l'*introït* de l'office funèbre de T. E. Lawrence. Malraux y définit d'abord ce qu'il appelle le « mythe de l'aventurier ». Il s'agit pour lui d'un « mythe de l'énergie [1] ». L'aventure est bien cette figure qui permet à l'homme d'échapper à la condition humaine. « L'aventurier, écrit-il encore, s'oppose d'abord à l'identité : il ne change pas seulement d'état civil pour gagner une parti-

1. *Le Démon de l'absolu*, p. 823.

cule, mais souvent aussi pour perdre la sienne. Il semble toujours traqué par ce que les hommes ont fait de lui : “Je ne suis pas mon nom, je ne suis pas mon métier, j’irai agir là où on ne me connaît pas, je rejette tout ce qui vous permettrait de me classer, tout ce qui me contraindrait à croire que je ne suis que cela.” Son ennemi, c’est l’ordre du monde — le réel [1]. »

C’est le portrait éthique de Perken. Et de T. E. Lawrence. Et de Malraux. Un autoportrait de l’artiste en conquérant. Un conquérant en alerte, travaillé par la nostalgie et l’appel du merveilleux, de tout ce qui est de nature à perturber l’ordre du monde. « Etre nomade des métiers — comme des lieux, comme des états civils, et comme, s’il était possible, de soi-même —, c’est tenter de se placer, en face du réel, dans les conditions du merveilleux. L’aventurier ne peut faire “qu’il advienne quelque chose”. Mais il peut détruire tout ce qui empêcherait quelque chose d’advenir. C’est-à-dire se placer systématiquement dans un univers où soit donnée toute sa force à l’adversaire du réel : le hasard [2]. »

Ce nomadisme qui affecte même l’identité, cette liberté ondoyante face à l’entropie du réel, cette confiance octroyée au hasard sont les conditions d’une restauration du merveilleux. Fût-il atteint au prix de l’amputation et de la mort. Car la géographie de l’aventure ne s’ordonne qu’autour d’un pôle qui est le jeu. Et d’un génie qui est celui de l’adolescence. Et là encore dans le trompe-l’œil des figures rôde le piéton fabuleux, *l’homme aux semelles de vent.* Aussi le portrait que Malraux brosse de T. E. Lawrence mérite-t-il qu’on s’y arrête car on y retrouve les linéaments d’une éthique de l’aventure — et les traits du

1. *Ibid.*, p. 838.
2. *Ibid.*, p. 839.

pérégrin de la Voie royale et de l'Icare de Saba. Désintéressement, courage, romantisme sont, pour Malraux, les valeurs qui fondent cette éthique. Et fidélité aux idéaux et aux figures de l'enfance : « La fascination particulière que l'art exerçait sur Lawrence, écrit-il à la dernière page du *Démon de l'absolu* en un autoportrait qui préfigure *Les Voix du silence* et les *Antimémoires*, le choix de ses livres titans, la passion de la poésie, tout cela appartient à la jeunesse : c'est cette jeunesse particulière qui chez les grands artistes survit jusqu'au dernier jour, et qui jusqu'au dernier jour contraint tant d'entre ceux que Lawrence aimait à s'incarner encore dans des jeunes gens (...). Il n'y a pas de grand art sans une part d'enfance, et peut-être pas même de grand destin[1]. »

Le ton a déjà l'éclat prophétique de certaines clausules des écrits sur l'art.

Tous ceux qui aujourd'hui n'aspirent qu'au réveil d'une littérature voyageuse, ouverte aux grands vents de l'ailleurs, devraient avoir pour bréviaire et pour viatique *La Voie royale*. Ils trouveraient là de quoi étancher, sur le mode d'un *retour amont*, leur soif d'espace et de hautes pérégrinations, de quoi se prémunir aussi contre le dangereux tropisme de la rente et du système.

On peut encore écrire la figure de l'aventure. C'est ce que j'ai voulu faire en racontant l'expédition d'un explorateur du XVe siècle sur les eaux de la Rivière-Dieu jusqu'aux sources du monde. C'était, près de soixante ans après, un hommage à *La Voie royale*. Et, remettant à la fin de décembre 1988 rue Sébastien-Bottin le manuscrit de *La Rumeur du soleil* à Jean-Loup Champion et à Pascal Qui-

1. *Ibid.*, p. 1301.

gnard, je ne pouvais me garder d'avoir une pensée émue et ardente pour celui qui en ces mêmes lieux avait promu et illustré une conception de la littérature que je croyais, à mon tour, avoir vocation à servir.

IV

L'ACTION EN TANT QUE POÈME [1]

1. La formule est de Lorand Gaspar dans un article du n° 295 de la *N.R.F.* intitulé « Pour accompagner Malraux ».

On pourrait intituler ce chapitre « les guerres de Malraux ». Car il va s'agir ici non pas de songeries guerrières mais d'engagements véritables, de plongées audacieuses dans le corps de l'action. L'écriture n'est jamais loin de ces entreprises. Soit qu'on la délaisse un instant, c'est le cas des manuscrits sur l'art et sur Lawrence abandonnés dans la tour de Saint-Chamant dans la campagne corrézienne. Soit qu'elle se donne comme une arme, et c'est le cas de *L'Espoir*. Car l'écriture et la réflexion sur l'art ne cessent de hanter l'horizon de l'action chez Malraux. Et la mort, et la fraternité des simples, et l'idéal d'une communauté virile. Et l'Histoire. Pas d'action, en effet, sans cette projection dans le tissu des événements — cette relation qui est de l'ordre de l'emprise ou de la soumission —, et, au-delà, dans l'architecture supratemporelle d'un *Grand Temps* qui transcende la brisure ou l'éparpillement ordinaire des jours, et dont l'autre nom chez Malraux est parfois éternité. Mais une éternité sans dieu, une éternité dans le tabernacle de laquelle brûle la seule veilleuse qui vaille : celle de l'acte créateur. En certaines occasions qui sont toujours de l'ordre de la solennité, le prêtre des religions chrétiennes revêt des ornements d'or ou de feu pour bien montrer que le temps de l'horizontalité banale rejoint en cet instant l'épiphanie du Grand Temps. C'est Noël, les Rameaux, Vendredi saint, Pâques, la Pentecôte. Dans l'univers et la liturgie de l'action de Malraux, il arrive aussi que l'officiant se drape dans ces tenues précieuses, qu'il porte l'or et la pourpre, ses gestes gagnent en lenteur et en solennité, l'action s'immobilise dans la plénitude du rite : on entre alors dans quelque sanctuaire. Lascaux, la cathédrale de Strasbourg, la crypte qui renferme le Christ mort de Grünewald. Et tout s'efface soudain devant l'éclat de la Présence réelle. Celle qui émane du corps sacré des œuvres.

*

L'action malrucienne s'enracine dans un terreau qui se nomme pessimisme. Avant même la prise en considération de la faillite du système colonial, le regard que porte Malraux sur la société d'où il vient et sur le monde est empreint d'un pessimisme lucide qui ne s'étalera jamais en résignation. Et si l'homme semble traqué et harcelé par une destinée dont la puissance de sac et de mort paraît irréductible, si l'essence de l'ordre du monde semble être la soumission et l'écrasement, il n'y a qu'une solution qui lui permette d'assurer la complète possession de lui-même : l'action. Elle seule permettra de lutter contre un fatras d'édits aussi absurdes qu'obscurs, elle seule fera lever sur le monde l'éclat d'une aube lustrale. Mais si elle n'est pas une religion — ce qui la garde de toute dérive vers l'idéologie programmatique et le dogmatisme sanguinaire : rien de pis que les religions sans sacré et sans dieu qui s'assignent comme horizon le salut immanent des hommes —, elle n'est pas plus jubilation onaniste, contentement solitaire. On ne saurait penser l'action chez Malraux en dehors du cadre de la condition humaine et de la nécessaire fraternité avec les autres qui la fonde. L'aventurier jouait seul souvent, contre le monde et contre la mort indéniablement, mais aussi sans tenir compte du reste des hommes. Il allait tragique et seul vers l'îlot de sa royauté des jungles. Le révolutionnaire, le propagandiste, celui qui met sa vie au service d'une haute idée, se meut dans le filet des altérités. Souvent — c'est ce qu'on voit dans *La Condition humaine* — le héros révolutionnaire accède à un état très proche de la sainteté laïque : sa mort est de nature sacrificielle, sa mort en même temps qu'elle le pulvérise dans le néant, est assomption d'un sens, libération, fondation d'une aube nouvelle.

La mort faisait partie du jeu de l'aventure. Elle est le socle de l'action guerrière. Non pas simplement comme une peur qui rôderait, une entrave qui viendrait paralyser tout geste. Pas plus sur le mode de l'insouciance : il ne s'agit certainement pas de la nier, plus exactement de la mésestimer. L'aventurier, l'homme d'action, connaît la véritable valeur de la mort. Et tout ce qu'il entreprend ne se mesurera jamais qu'à cette aune qui est le marchepied de l'absolu. Parler d'invulnérabilité en invoquant l'immunité due à je ne sais quel astre ou quelle protection céleste serait stupide. Il y a invulnérabilité parce qu'il y a acceptation, cohabitation, présence permanente de la mort, face-à-face lucide — d'œil de chair à orbite crayeuse — qui endort la mort, la *désactive*. La mort est comme ce crabe ou ce cancer dans le corps qui agit, le corps ai-je écrit car tout chez Malraux, des profanations de la Voie royale aux préludes mortuaires qui le clouent sur un lit de la Salpêtrière, est *affaire d'incarnation*. Comme avec les femmes, comme avec l'art : œil qui caresse et déshabille, tremblement du désir et sûreté du geste qui sculpte, flatte ou ressuscite.

Aussi, quel que soit son rôle — militant œuvrant à la

décolonisation de l'Indochine, chef d'escadrille pendant la guerre d'Espagne, résistant du maquis en Corrèze, colonel libérateur de l'Alsace — Malraux est ce pontife aux ornements de feu qui cache sous ses galons et ses vêtements de sacre la bure du sacrifice. Et il est beau le pèlerinage qu'il entreprend de Brive et Périgueux vers le front d'Alsace à la tête de ses hommes des maquis de Corrèze et de Dordogne. Et elle est belle cette lettre qu'il rapporte, la dernière lettre à sa femme du capitaine Peltre, « leur premier mort des Vosges ». Lettre qui sonne comme une charte de l'action, un *confiteor* et un *credo*, paroles justes, sans apprêt, d'un homme que l'on étendra bientôt parmi ses soldats dans l'argile gelée de Froideconche :

« Je n'ignore pas que j'ai femme et enfant, peut-être enfants, et pour vous, pour moi, je tiens à la vie, assez pour faire mon devoir — celui d'homme au sens plein du mot, qui essaie de donner à tous ce qu'il doit de lui-même, et qui est sans témérité [1]. »

Dans le *Malraux par lui-même* qu'il rédigeait dans les années 50, Gaétan Picon remarquait que Sartre avait sans doute raison de dire que, pour Malraux comme pour Heidegger, l'homme était un « être-pour-la-mort ». Ce qui, à l'époque, avait provoqué cette annotation marginale de Malraux : « Et si, au lieu de dire *pour*, on disait *contre* ? Ce n'est la même chose qu'en apparence. » *L'homme contre la mort* : c'est bien là le sens des paroles testamentaires du capitaine Peltre. Pour la mort : biologiquement voué à cette dissolution inévitable, à cette liquéfaction entre racines et rhizomes. Mais surtout *homme contre*, homme levé, concentrant toute son énergie vitale, celle-là

1. *Le Miroir des Limbes*, tome II, p. 527.

même qui nous permet de défier notre poussière et les étoiles, nos limites, notre finitude. En des temps convulsés, l'action nimbe celui qui agit d'un éclat auquel le feu des astres n'a rien à envier, fougue du combat, irradiation des pactes et des compagnonnages — de la mort jugulée.

Le combattant a une identité protéiforme. Aventurier pillard on l'a vu, militant que fascine la révolution communiste, combattant international de l'escadrille « España ». Et lorsque arrive 1939, la cause est claire. La lutte contre le fascisme passe par l'engagement militaire. Le 14 avril 1940, Malraux est incorporé au 41e dépôt de cavalerie motorisée à Provins. Après l'arrestation puis la fuite, il reprendra un temps son habit de civil avant de s'engager de nouveau dans le combat au côté des maquisards. Et c'est l'aventure du colonel Berger qui commence. L'écriture mémorielle accorde une place importante aux souvenirs de guerre. 1940, la plaine de Flandre et l'ennui des routes pierreuses. Malraux se revoit entouré de ses compagnons : Bonneau, le mécanicien, Pradé, Léonard. Souvenirs de chambrées, de cantines, de palabres devant un litre de rouge. Et l'entrée dans les blés, l'instant d'éternité où la guerre commence. Malraux dira : « Aucun nom ne désigne le sentiment de marcher à l'ennemi, et pourtant il est aussi spécifique, aussi fort que le désir sexuel ou l'angoisse. L'univers devient une indifférente menace[1]. »

Tout bascule. Même le monde élémentaire semble avoir perdu son cadastre, sa lisibilité native : « Du vieil accord de l'homme et de la terre, il ne restait rien : ces blés où nous tanguions dans l'obscurité n'étaient plus des blés, mais des camouflages : il n'y avait plus de terre à mois-

1. *Le Miroir des Limbes*, tome I, p. 247.

sons, il n'y avait plus qu'une terre à fosses, une terre à mines ; et il semblait que le char rampât de lui-même vers quelque embûche terrée d'elle-même, que les espèces futures eussent commencé cette nuit leur propre combat, au-delà de l'aventure humaine[1]... »

L'écriture de la guerre procède par stratifications, de souvenirs et d'élaborations littéraires. Derrière l'expérience de 40, il y a le réseau de réminiscences des combats d'Espagne. Et sous le texte des *Antimémoires* affleure, à peine remaniée, la première version des *Noyers de l'Altenburg*. Mais l'action — et sans doute plus encore sa mise en forme, sa traduction esthétique —, ce n'est pas uniquement un compte rendu de faits et d'opérations, c'est aussi un réseau serré d'images... Souvenirs de terres mouillées qui s'allument au matin, de granges et de fermes, mystère des aubes bibliques et mythes des êtres arrachés aux limbes... L'écriture de l'action ne s'enferme pas dans le creuset d'une période, elle est court-circuit de réminiscences et d'échos... Non, ce ne sont pas les femmes en deuil de *L'Espoir*. Ce sont d'autres femmes, orantes noires chues d'on ne sait quelle planète tragique :

« Je pensais aussi à une aube de Corrèze sur un cimetière qu'entouraient des forêts, blanches de givre. Les Allemands avaient fusillé des maquisards, que les habitants devaient enterrer le matin. Une compagnie occupait le cimetière, mitraillette au poing. Dans cette région, les femmes ne suivent pas le corbillard, elles l'attendent sur la tombe de leur propre famille. Quand le jour se leva, sur chacune des tombes à flanc de coteau comme les pierres disjointes des amphithéâtres antiques, se tenait une femme en noir, debout, et qui ne priait pas[2]. »

1. *Ibid.*, p. 248.
2. *Ibid.*, p. 262.

Sur le givre de Corrèze, une ponctuation de stèles noires. Vivantes. Les sœurs de « cette marche de paysans noirs, de femmes aux cheveux cachés sous des fichus sans époque, [qui] semblait moins suivre des blessés que descendre dans un triomphe austère[1] », les sœurs des paysannes espagnoles... On peut difficilement parler ici de transfiguration littéraire, simplement de *mise en rumeur* d'une émotion, laquelle s'ancre dans un socle de granit — le givre et ses sentinelles de deuil. *L'action en tant que poème*, dans le grand vent sans cesse en mouvement de l'espace, l'action en tant que musée... Ce sont des bas-reliefs, des figurations de la Grèce et de l'Inde, les emblèmes d'un large maillage de l'imaginaire. Et il n'y a pas la douleur d'un côté et l'art de l'autre, séparés par un irréductible clivage. Toute la rêverie du Musée imaginaire s'origine là, dans cette contemplation recueillie des paysannes qui attendent leurs morts. Et l'art n'est jamais que ce qui est à même de dire et d'inscrire leur *posture*, doublement : leur figement physique de veilleuses noires, et leur solidité ancestrale et métaphysique de femmes dont l'impassibilité, le refus et la dignité font une nique fière au destin.

La mort est l'alliée tacite de l'action. Et les brisées de la guerre sont des paysages de mort. La ponctuation des pleureuses aux larmes sèches, en Espagne et en Corrèze, ces pleureuses échappées d'on ne sait quel amphithéâtre sur lequel pleut l'implacabilité d'un soleil de sang, trace cette broderie noire qui est l'orée muette de l'action. Et tout homme qui se lance dans le combat clandestin signe un pacte avec la mort. Elle est le sceau qui ferme sa feuille

1. *L'Espoir*, p. 411.

d'engagement, elle est cette force qui lui noue les viscères et lui durcit le sexe, pulsion, instinct, *fata nigra*, morgane des rives infernales. Le résistant qui va là a providentiellement échappé à un peloton d'exécution qui était un simulacre. Mais la fréquentation quotidienne de la mort sur les chemins de la guerre, et aussi l'imminence de sa propre mort — qui, plus qu'une possibilité, est d'une certaine manière la clé de cette partition — le poussent vers les espaliers de la transcendance.

Au cours de cet épisode qu'il relate dans les *Antimémoires*, le résistant Malraux s'arrête un soir dans un couvent de Villefranche-de-Rouergue. La supérieure est belle, jeune, affable. Elle offre du café à l'officier clandestin qui lui demande un viatique pour la nuit : l'Evangile de Jean. « Elle apporta une Bible, et repartit. Je cherchai le texte de saint Jean, mais le livre s'ouvrit au signet qu'elle venait certainement de placer. J'aurais pu être tué bien des fois, en Asie, en Espagne, chez nous ; *l'idée que j'aurais pu rester chez moi, au lieu d'attendre un conseil de guerre ou une exécution au bord d'un fossé, me semblait dérisoire. Même cette nuit-là, le trépas me semblait banal. Ce qui m'intéressait, c'était la mort*[1]. »

Une introspection s'ouvre alors, dénuée de toute dimension factuelle, dans sa seule portée interrogative. Les fragments de Jean entrevus sont comme une scansion, une respiration de l'Esprit, une lumière tournoyante qui n'éclairerait que les linéaments vrais et brûlerait les scories — les versets de l'Amour. Ils semblent jaillir de cette souche qui est bien avant l'incarnation du Christ, bien avant la fondation du monde, cette source qui est une bouche d'où sourd le feu de l'Esprit, la bouche du Verbe aux lèvres aimantes, la souche de l'Amour. Et Malraux

1. *Le Miroir des Limbes*, tome I, pp. 184-185. C'est nous qui soulignons.

poursuit sa méditation sur le mode d'un questionnement sans faiblesse :

« Ma vie était une de ces aventures humaines que Shakespeare justifie en les appelant des songes, et qui n'en sont pas. Un destin qui s'achevait en face d'une douzaine de fusils, parmi tant d'autres destins, aussi fugitifs que la terre. Ce qu'il allait advenir de moi intéressait furieusement une part sans valeur de moi-même, comme la volonté d'échapper à l'eau lorsqu'on se noie. *Mais je ne demandais pas la signification du monde à des soubresauts. Le génie chrétien, c'est d'avoir proclamé que la voie du plus profond mystère est celle de l'amour.* Un amour qui ne se limite pas au sentiment des hommes, mais le transcende comme l'âme du monde, plus puissant que la mort et plus puissant que la justice [1]... »

Une cellule, un texte sacré, un être cerné par la mort et qui veille : à défaut d'extase, ce pourrait être le lieu et l'heure d'un *acquiescement*. On sent l'irrésistible attirance de celui qui médite là pour cette force étonnante, sans égale, qui fait rouler des corps l'un vers l'autre, anime, transfigure, fracture les pierres des tombeaux, cette puissance amoureuse et cosmique, cet embrasement que réfléchissent les visages et les gestes de *ceux qui aiment*, tous ces *frères humains* dont le cœur est un tabernacle qui abrite une étincelle de la souche. Mais la forme achevée de l'acquiescement, c'est la croyance et Malraux reconnaît son incapacité à croire. Mystique transporté qui s'arrêterait à la lisière, apôtre de la Vérité, mais si chargé d'entraves terrestres et fraternelles qu'il préfère s'en remettre à l'immanence, convaincu pourtant de la présence d'une flamme, tout près, sur l'autre rive. La rumeur de l'Esprit n'a pas pris corps, mais celui qu'elle a touché portera tou-

1. *Ibid.*, pp. 185-186. C'est nous qui soulignons.

jours le sceau de sa grâce. Sans éteindre l'angoisse et l'attraction des autres, de ceux qui vont dans la peur et le désarroi :

« Mon passé, ma vie biographique, n'avaient aucune importance. *Je ne pensais pas à mon enfance. Je ne pensais pas aux miens. (...) Il ne restait dans ma mémoire que la fraternité.* Dans ce silence de couvent où sans doute on priait pour moi, et que martelait en sourdine la manœuvre lointaine d'un char, ce qui vivait aussi profondément en moi que l'approche de l'exécution, c'était la caresse désespérée qui ferme les yeux des morts [1]. »

*

L'Alsace sombre dans l'hiver. Sol gelé, résistance ennemie farouche, bise qui ferait ployer les noyers. Malraux est dans *son* Alsace, à la tête de ses hommes. Et il semblerait qu'il nourrisse pour eux une secrète admiration. Il admire leur force, leur entêtement, leur énergie inépuisable. Peut-être ce qui stimule leur ardeur, c'est la perspective d'entrer en vainqueurs dans une cathédrale de Strasbourg rendue à son culte et de déposer leurs capotes boueuses et l'offrande de leur sueur au seuil de toute lumière. Dannemarie tombe. Les dernières poches ennemies s'effondrent... Malraux s'échappe un instant. Il gagne le Haut-Kœnigsbourg perché sur son ergot sauvage. Il traverse les salles glaciales avec leurs collections d'armes et de massacres blêmes, descend dans les cryptes creusées à même la roche. Il a demandé à être seul. Il porte une simple lampe torche. Il s'approche, écarte des flots de linge : il est là, intact. Son retable, ce Christ mort de Grünewald qui fascinait tant Huysmans. Mais lui, ce ne sont

1. *Ibid.*, p. 186. C'est nous qui soulignons.

pas la pourriture, les ruissellements de la chair qui l'attirent, c'est la beauté de ce gisant qu'un peintre a su rendre glorieux. Il revoit ses hommes, ceux qu'il a dû descendre dans l'argile dure, tous ces frères que son verbe, il le sait, magnétise. Il revoit leurs soirées avant que les corps ne sombrent, fauchés par le sommeil. Devant le retable, dans cette nuit du rocher qui semble se dévider en spirale, il aimerait dire une prière. Ce serait un requiem pour Josette Clotis, la mère de ses fils, la belle femme aux yeux verts, qu'il vient de perdre. L'autre jour, entrant dans l'un de ces villages aux vieilles maisons à colombages, il a pensé un instant que la musique que l'on jouait pour la brigade libératrice s'adressait en fait à Josette. Il revit ce drame, cette calcination de la foudre, il se sent encore porté par l'onde virile et conquérante de la brigade, mais il est comme les femmes noires de Corrèze : ses pleurs sont secs. Il se revoit aussi descendant dans une autre grotte, il y a quelques mois, alors qu'il inspectait les cachettes des maquis de Dordogne. Les mitrailleuses étaient bien en place, comme des chats égyptiens sur leurs pattes de devant, et au-dessus d'elles, tracés sur le plafond de la grotte, les bisons... Les bisons magiques, les taureaux et les chevaux emportés dans une ronde ou une fuite, et cette certitude d'être dans un lieu sacré, un lieu qui l'a été dès l'origine et que consacrait ce jour-là encore, des millénaires après, l'incompréhensible conjonction des animaux peints et des caisses d'armes. Méditant toujours près du retable, il sait que sa guerre finira par cette marche triomphale vers cette cathédrale avec sa « tour dressée dans son oraison d'amputé [1] ». Car, étrangement, ses brisées guerrières ont croisé des lieux de l'art, ou des lieux qu'il avait déjà *écrits* : les grottes de la Vézère et maintenant cette Alsace, ce bastion

1. *Les Noyers de l'Altenburg*, p. 152.

farouche aux allures d'Altenburg et cette cathédrale qui se profilait dans l'enfourchure des noyers... Il médite, et c'est ce tissu de correspondances, d'échos, de résonances avec l'Histoire et, au-delà même de cette *maya*, avec le *fondamental*, qui le captive. Ce fondamental qui affleure une nuit de veille dans quelques versets de Jean, dans les visages impassibles des pleureuses des tombes, dans les bisons sacrés des grottes, dans l'admiration vouée aux hommes de la brigade, dans ce grand vaisseau noir qui les attend avec son unique flèche, et peut-être surtout dans ce corps peint qui tremble sous la torche, ce corps incorruptible et glorieux...

Le dimanche 16 décembre 1944, ils sont tous dans la cathédrale, tous ceux qui ont survécu aux attaques, aux étapes de fortune, tous les rescapés des nuits de flammes, du brouillard et de la neige. Ils ont encore dans les yeux les reflets des villages qui flambent. Au cri saturnien d'une terre qui réclamait son tribut de cadavres, son ensemencement de chairs jeunes, ils ont opposé la vertu du compagnonnage et de la fraternité. Sur la table sacrée ils regardent l'éclat des calices de vermeil que l'on a sortis pour la circonstance, et la beauté des dalmatiques. Et les fumées d'encens. Ils écoutent le père Bockel qui fut des leurs parler de sainte Odile. Et tout en disant son homélie, le prêtre regarde ce colonel qui a su nouer une étrange relation spirituelle avec sa troupe ; plus tard Bockel parlera de la « mystérieuse proximité à ses hommes de ce colonel pourtant austère et lointain et dont l'aristocratique silhouette n'apparaissait guère que dans le feu de la bataille [1] ».

1. Pierre Bockel, « Malraux et la foi », in *N.R.F.* n° 295, juillet 1977.

Ce dimanche-là, dans la solennité et la jubilation de la cathédrale reconquise, le père Bockel rappela l'histoire de la sainte qui avait recouvré la vue lors même qu'on la plongeait dans l'eau de son baptême. Je crois que s'il s'était tourné vers Malraux, ou s'il avait évoqué la figure du colonel Berger à la tête de la brigade, il aurait pu déjà dire ce qu'il écrivit plus tard : « Nous sommes nombreux à pouvoir témoigner à quel point l'agnostique André Malraux nous a éveillés à la dimension, je dirai à la démesure, des valeurs essentielles de l'Evangile : celle de la liberté intérieure qui devient puissance de libération, celle de la soumission à cette transcendance qui nous habite et nous fait *temple de l'Esprit*, celle de la Fraternité qui va jusqu'au don de la vie au prix de la mort, celle du dépassement auquel nous convient la pâque et le baptême et des engagements qui en sont le comportement logique, et aussi celle de la bienveillante bonté qui se dissimulait derrière son masque sévère[1]. »

Mais dans cette messe d'action de grâces et de requiem, on ne prononcerait que les noms de ceux que l'on avait laissés sous la neige. Au plus secret de ce reliquaire qu'était la méditation — ou la prière — des survivants.

Déjà ces mots dans *L'Espoir*, le grand texte de l'action chez Malraux. Ces mots de la conversation d'Alvear et de Scali.

Scali : « Je pense maintenant que c'est toujours comme ça ; un duel : la mort gagne ou perd. Bien. Le reste, ce sont des rapports entre les idées. La mort n'est pas une

1. *Ibid.*, p. 42.

chose si sérieuse : la douleur, oui. L'art est peu de chose en face de la douleur, et, malheureusement, aucun tableau ne tient en face de taches de sang. »

Alvear : « Ne vous y fiez pas, ne vous y fiez pas ! Au siège de Saragosse par les Français, les grenadiers avaient fait leurs tentes avec les toiles de maître des couvents. Après une sortie, les lanciers polonais, à genoux, récitèrent leurs prières parmi les blessés, devant les vierges de Murillo qui fermaient les tentes triangulaires. C'était la religion, mais aussi l'art, car ils ne priaient pas devant les vierges populaires [1]. »

Alvear, encore : « Ce ne sont pas les dieux qui ont fait la musique, monsieur Scali, c'est la musique qui a fait les dieux... »

Scali : « Mais peut-être est-ce ce qui se passe dehors qui a fait la musique... »

Alvear : « L'âge du fondamental recommence [2]... »

De Lascaux à l'Altenburg, des maquis de Corrèze et de Dordogne à la terre gelée de l'Alsace, de l'Espagne à la cathédrale de Strasbourg... *L'âge du fondamental recommence.*

1. *L'Espoir*, p. 274.
2. *Ibid.*, p. 278.

V

COMPAGNES DES TRAVERSÉES

« Les hommes jeunes comprennent mal... comment dites-vous ?... l'érotisme. Jusqu'à la quarantaine, on se trompe, on ne sait pas se délivrer de l'amour : un homme qui pense, non à une femme comme au complément d'un sexe, mais au sexe comme au complément d'une femme, est mûr pour l'amour : tant pis pour lui. Mais il y a pis ; l'époque où la hantise du sexe, la hantise de l'adolescence, revient, plus forte. Nourrie de toutes sortes de souvenirs [1]... »

Ces réflexions de Perken ouvrent *La Voie royale*. Paroles d'aventurier aguerri, d'homme habitué à lutter et à soumettre. Les compagnes de traversée de Malraux n'apparaissent pas dans ses livres. Clara, qui était de l'expédition sur les sites de la Voie royale et qui l'accompagnera en Espagne, n'est pas un personnage du roman. L'univers malrucien, qui exalte sans cesse l'idéal de la fraternité virile, est un univers d'hommes, de combattants, d'aventuriers. Les femmes de la vie de Malraux — à l'exception de Clara que ne rebute jamais l'avant-scène — demeurent dans l'ombre. Elles sont là pour conseiller, écouter, recueillir confession et confidences lorsque rentre l'avia-

1. *La Voie royale*, pp. 11-12.

teur, le combattant, l'aventurier, l'intellectuel en armes, l'homme politique, le ministre. Quatre visages de femmes émergent de cette litanie de l'ombre : Clara, Josette, Madeleine et Louise. Compagnes, épouses, figures inspiratrices, complices, elles partagent les heures d'exaltation et de création, et aussi les orages, les deuils, les honneurs et les heures que dévore le temps vital de la méditation et de la retraite. Des débuts parisiens à l'automne de Verrières, une femme veille toujours auprès de Malraux. A elle la charge et la protection de la galaxie intime, l'ancrage indispensable à celui qui, *ailleurs*, cultive nomadisme et identité protéiforme.

Clara est la première de ces femmes. Elle est d'origine juive. C'est une pure intellectuelle. Ils se rencontrent dans un restaurant du Palais-Royal — déjà ce lieu mythique — à un dîner organisé par l'un des responsables de la revue *Action* à laquelle ils collaborent l'un et l'autre. La relation se place d'emblée sous les auspices de la littérature et de la peinture. Conversations littéraires — les poètes du haut Moyen Age, les Romantiques allemands, et Nietzsche, et Dostoïevski, et Tolstoï —, musées — l'atelier de Gustave Moreau qu'aime André —, et voyages : Florence, Venise. Il est intarissable, éblouissant d'acuité critique et d'érudition, dandy, un brin arriviste, pédant peut-être. Ils se marient, repartent. Strasbourg, Prague, Magdeburg chez le grand-père de Clara, Berlin, et la Belgique : Anvers, Bruges, Ostende où Malraux se rend dans l'atelier d'Ensor. C'est un échange, une stimulation intellectuelle permanente.

Clara est des marches dans Paris, des départs nocturnes vers l'Italie — Train bleu, wagons-lits —, et de l'expédition sur les sites de la Voie royale. Elle fait le guet tandis que les aventuriers novices s'acharnent à extraire les pierres. Lorsque débutent les démêlés judiciaires, ils sont sans le sou. Clara a l'idée de simuler une tentative de suicide pour se faire hospitaliser. C'est grâce à ce stratagème qu'ils résideront d'avril à juin 1924 à l'hôpital de Phnom Penh. Ils observent, recueillent les témoignages des uns et des autres. Découvrent la réalité du système colonial. Et peu à peu se forge chez ces grands adolescents esthètes la tentation de l'engagement...

Il émane des portraits d'elle à cette époque une force, une volonté. Sous les allures du mannequin très années trente perce la détermination de l'intellectuelle ; elle est des combats, des échanges politiques et esthétiques, des rencontres de la N.R.F. et de Cerisy. Elle connaît tous ceux qui comptent. En 1933, elle donne le jour à Florence, la fille de Malraux. Cette même année, il fait deux rencontres essentielles. Une poétesse et une romancière. La première à la N.R.F. C'est Louise de Vilmorin. Il a reçu d'elle une soixantaine de pages qu'il juge plutôt talentueuses. Il la conseille, lui recommande des lectures. L'autre vient de publier un roman chez Gallimard et rêve d'être journaliste. C'est sa future compagne, celle qui sera la mère de ses fils : Josette Clotis.

Elle sera le témoin des heures sombres. Au début de 1939, elle participe à l'aventure du tournage de *Sierra de Teruel*. C'est elle qui a dactylographié le manuscrit de *L'Espoir*. Elle est là lorsque, déçu par l'action, il se tourne vers la réflexion sur l'art qui l'occupera si longtemps. Le 5 novembre 1940, elle met au monde dans une clinique de Neuilly un garçon, le petit Pierre-Gauthier. Ce sont errances, déménagements successifs. En décembre 1942, Josette arrive à Argentat avec le bébé surnommé Bimbo et ils emménagent dans trois pièces louées dans un château qui surplombe le village de Saint-Chamant. Malraux a installé son bureau dans une tour d'angle. Il reprend ses écrits sur l'art et travaille à sa biographie de Lawrence.

Ce sont des heures élues et menacées. La campagne autour de la demeure est magnifique, plantée de beaux arbres, des sapins, des châtaigniers, des bouleaux et des noyers. Dans la vallée coule une rivière, la Souvigne. Josette Clotis, dans une lettre à une amie, dira que tout est rond et roux : des pièces circulaires, des tours, et les rousseurs de l'automne. L'insularité précaire du bonheur. Malraux écrit, joue avec son fils, il semble enfin aimer la nature. Josette règne sur la maison, prépare des omelettes aux truffes fraîches et à l'armagnac. En mars 1943, naît un second fils. Dans cet univers de noyers et de champs, il reçoit le prénom de Vincent qui est aussi celui du héros des *Noyers de l'Altenburg*. Il aura pour parrain Drieu la Rochelle.

Un nouvel été, et l'automne : une lumière fine et tremblée éclaire une guerre qui paraît éternelle. Josette semble apprécier la profusion et la beauté de l'automne. Les girolles, les cèpes, les châtaignes et les noix... Elle fait tuer le cochon, prépare des pâtés. Les enfants sont habillés avec les moyens du bord et ont l'air de gueux dépenaillés. C'est une vie recluse, rurale, sans luxe mais protégée. A l'approche de Noël et alors que la neige recouvre les ramures puissantes des noyers, elle retrouve un brin d'élégance, met un manteau de fourrure pour accompagner Bimbo au Noël de l'école, puis réunit chez elle, autour d'un sapin qu'elle a elle-même dressé et paré, une trentaine d'enfants.

Malraux part, passe, revient, s'enferme. Josette garde le cap. Elle adore les fleurs, la nature, la rivière, les arbres, les prairies. La vigne vierge qui couvre les murs de la maison. Sur une photographie de l'album de la Pléiade, on la voit à une des fenêtres du manoir en compagnie de sa belle-sœur Madeleine, l'épouse de Roland. Et il émane de ce duo une impression d'accord et de plénitude.

De nouveau, Malraux abandonne l'écriture pour le combat. Les maquis de Corrèze d'abord, puis la brigade Alsace-Lorraine. Il est devenu le colonel Berger. Il est sur le front. Le 10 novembre 1944, il reçoit un télégramme : « *Etat Josette alarmant venir toute urgence.* » La foudre, comme il dira plus tard. Un stupide accident de chemin de fer : alors qu'elle raccompagnait sa mère à la gare de Saint-Chamant, Josette a sauté du train qui démarrait... Elle est atrocement mutilée. Elle a les jambes broyées. « Je n'aurais jamais cru que mourir, ce soit comme ça... » soufflera-t-elle avant de s'éteindre. Elle sait dans l'agonie qui la cerne que Malraux va venir. Elle demande qu'on la maquille. Son beau regard vert s'enfonce dans la nuit.

A un moment des *Antimémoires*, Malraux évoque le « cortège des femmes avec lesquelles nous avons rompu — si elles étaient mortes quand nous les aimions encore [1]... ». Il rompt avec Clara, il rompra avec Madeleine, la veuve de son frère Roland, avec laquelle il s'installe après-guerre dans la belle maison hollandaise de Boulogne, mais la mort de Josette Clotis le laisse foudroyé. Les femmes ne jalonnent pas la vie d'un aventurier et d'un écrivain. Rien ne jalonne une telle vie. Les livres peut-être. Les paroles que prête Malraux à Méry dans les *Antimémoires* sonnent comme une confession :

« Quand elle est morte, j'ai eu l'intention de me tuer. Pas tout de suite. Deux ou trois mois plus tard. Je ne l'ai pas fait...

1. *Le Miroir des Limbes*, tome I, p. 373.

« (...) la mort d'une femme aimée... C'est... la foudre[1]. »

Les vivants sont tous happés par ce que Malraux appelle le « charnier de la métamorphose, de la trahison ou de l'oubli[2] ». Josette hante le charnier de la métamorphose. Celui des mille variations du souvenir.

Une autre femme. C'est son piano à double clavier que l'on voit sur ces photographies où Malraux choisit les illustrations de ses écrits sur l'art. Madeleine sera la compagne du politique et du ministre. Il l'épouse en 1948. On raconte que cette situation peu orthodoxe déplaisait à Mme de Gaulle. Malraux renaît du charnier de ses hantises avec la vivacité du phénix. Cette traversée qu'ils entament et qui durera près de vingt ans sera semée de grâces et de drames foudroyants. Le retour de De Gaulle au pouvoir, l'installation rue de Valois, les honneurs, et la foudre absolue, la mort accidentelle de ses deux fils, Gauthier et Vincent, tués sur la route à leur retour de vacances. Sa vie se dérègle. Leur vie. Il ne coule plus sur ce couple la belle lumière de l'atelier de Boulogne. Ce sont orages, disputes. Malraux est dévoré par les contraintes de son métier de ministre — et l'obsession de ses morts. Il est nerveux, irascible, il boit. Il ne supporte pas le son du piano de Madeleine. Il lui faut partir de nouveau. Le Général lui offre cette mission providentielle en Orient, la Chine, l'Inde, Bénarès. Sur le bateau il retrouve le désir et le goût de l'écriture. Ce sera les *Antimémoires*. A son retour il signifiera à Madeleine qu'il entend désormais vivre seul à la Lanterne. Seul avec ses morts et ses chats.

1. *Ibid.*, pp. 374-375.
2. *Ibid.*, p. 374.

On dit que Stendhal s'amusait à tracer sur le sable les initiales de ses anciennes maîtresses. Un cimetière de sable peuplé d'initiales magiques. Dans la solitude de la Lanterne, dans celle du Palais-Royal lorsque le jardin se métamorphose en un puits d'ombres, Malraux s'amuse-t-il à égrener ces initiales, certaines fugaces, d'autres plus durablement inscrites, parfois dans la douleur, le sang et la mort ? Josette Clotis maquillée sur son lit funèbre... C'est le soir d'une vie. De Gaulle erre, blessé, sur la lande irlandaise. Malraux doit quitter le bureau du Palais-Royal. Il salue une dernière fois les sphinges du grand lustre doré, les buis et les cerfs de la Lanterne. Il se réfugie à Verrières chez Louise de Vilmorin. Fourrure, Essuie-Plume et Lustrée, les chats de l'écrivain, s'installent aussi dans le jardin et les salons de Verrières. Louise s'irrite de la présence de ces bêtes qui sont avant tout des *intercesseurs sacrés*.

Il y aura des marches par les allées du parc, des conversations au raffinement d'un autre siècle, le rite du whisky crépusculaire dans le salon bleu. Et tout cela habite le désenchantement de Malraux. Revoit-il ce cortège de visages aimés, de corps désirés et soumis ? Ces trahisons, ces orages. La mort rôde derrière les hautes croisées des salons de Verrières. Déjà elle creuse une fosse sous la pelouse du jardin. Et elle s'invite à ce dîner qu'offrent Louise et André à de vieux amis la veille de Noël 1969. Elle foudroie ce bonheur ultime.

Louise de Vilmorin repose sous l'herbe. Pas de stèle. A côté un petit banc de pierre. Malraux s'arrête là au terme de ses promenades dans le jardin mouillé. Lazare, les yeux des morts l'obsèdent. Les yeux de ses morts et les initiales des compagnes de ses traversées. Il murmure : « *Terminus.* » C'est l'épitaphe d'Erasme.

VI

LA FORTERESSE DE L'ALTENBURG

Ce texte que je considère comme capital, il aura fallu attendre 1996 et sa publication dans le tome II des *Œuvres complètes* de la Pléiade pour qu'il soit enfin accessible à un large public. Travaillant jadis sur la relation de l'éthique et de l'esthétique chez Malraux, j'avais eu à l'époque la chance d'avoir entre les mains un exemplaire de l'édition originale des *Noyers de l'Altenburg* que m'avait aimablement prêté la conservatrice de la Bibliothèque municipale de Morlaix. Cette lecture avait été un éblouissement, et je crois avoir nourri la dissertation — une réflexion sur les pouvoirs du grand artiste — qui allait en 1981 m'ouvrir les portes de l'enseignement d'innombrables citations extraites des *Noyers*. Fouillant l'an dernier dans la boutique d'un ami libraire à La Gacilly, j'ai eu la chance de découvrir la belle et ultime réédition de 1948 à la N.R.F. Je me suis jeté sur cet ouvrage comme s'il se fût agi d'un objet précieux. Sans doute parce que avec *La Voie royale*, c'est, dans toute la production romanesque de Malraux, le texte que je place le plus haut.

C'est son adieu à l'écriture de fiction. Ensuite il y aura des écrits théoriques — sur l'art — et des œuvres autobiographiques — même si, pour se démarquer de Chateaubriand, le nouvel autobiographe parle d'*Antimémoires*. Il faut savoir que Malraux interdira la republication des *Noyers de l'Altenburg*, parce qu'il s'agissait, selon lui, du premier volume d'un cycle inachevé. Il faut dire aussi que l'autobiographe du *Miroir des Limbes* n'aura de cesse de piller *Les Noyers de l'Altenburg*, prélevant les beaux morceaux, corrigeant et remaniant d'autres, avec un certain bonheur dans les *Antimémoires*, et une grâce plus qu'entamée dans *La Corde et les souris*. Le livre a été écrit pour l'essentiel en 1941, alors que Malraux et Josette Clotis résident à Roquebrune, puis au Cap-d'Ail. Il est tout innervé de la récente expérience guerrière. Deux parties — symboliquement présentées en italique — encadrent le texte proprement dit des *Noyers*. Une méditation située dans la cathédrale de Chartres — la cathédrale de Sens ? — et datée du 21 juin 1940. Et une variation finale, intitulée « Camp de Chartres ». Entre, une remontée mémorielle dans la famille Berger et une narration circonstanciée d'un colloque se tenant dans la forteresse de l'Altenburg. Tout cela nous invite à lire *Les Noyers* comme un triptyque avec le panneau central — le plus important — dévolu au colloque, et les volets latéraux, qui réfractent des souvenirs de guerre encore très proches. Nous respecterons sa linéarité, et son flux.

VOLET DE GAUCHE : JUIN 1940, MÉDITATION GUERRIÈRE

C'est un narrateur blessé qui fait entendre ici sa confession. Il est parmi d'autres soldats blessés comme lui dans la nef de la cathédrale de Chartres dont le pavage est recouvert de paille. « (...) les carreaux qui ont remplacé les vitraux de la nef l'éventrent de lumière. Au-dessous, dans les chapelles, les verrières étroites comme des colonnes de jour tremblent de haut en bas, sous le grondement marin des chars allemands qui déferlent[1]. » Celui qui parle est prisonnier des Allemands. Il est touché au pied. Comme ses coreligionnaires, il s'est écroulé tout près du Portail royal. Soudain une rumeur se répand : il est possible d'envoyer des nouvelles aux familles. Et les éclopés et les mutilés de se ruer, vers le comptoir que l'on a installé, pour transmettre au plus vite de leurs nouvelles. Le narrateur les regarde : « La multitude blessée glisse vers nous, roule dans ce haut lieu entre les hauts lieux de la terre, jusqu'à ce que les voix vite éraillées ne ressemblent plus qu'aux supplications des mendiants de naguère près du porche[2]... »

C'est la cour des miracles, un grouillement de blessés, de loqueteux... Puis le transfert dans un camp, palissades, barbelés, et cette promiscuité, ces soldats prisonniers qui ont laissé leur femme, leurs champs, leurs semailles... Ils doivent songer au battage imminent, à la récolte. Le narrateur les observe, il tente de cerner le mystère de leurs « faces gothiques ». Sous ces visages affleurent, en effet, les traits de l'*homme éternel*, celui des fêtes populaires de Breughel, des fabliaux, des pèlerins et des cours des miracles des cathédrales. Des destinées transitoires parquées là, au nom d'une absurdité sanguinaire, au nom de la loi de l'occupant. Et le narrateur se souvient de son propre père jeté lui aussi dans la machine broyeuse de l'autre guerre, il y a tout juste vingt-cinq ans... Il est écrivain et, depuis dix ans, il n'a qu'une hantise : l'homme. Et le voici plongé dans une lie de souffrances et de plaies, dans la proximité fraternelle de ses compagnons de déten-

1. *Les Noyers de l'Altenburg*, p. 13.
2. *Ibid.*, p. 17.

tion, « *devant la matière originelle*[1] ». Il est comme les autres, soumis à une captivité qui attise en lui l'angoisse de la mort. Comme les autres, il est un corps enfermé — une animalité peureuse et blessée. Et pour lui comme pour les autres — même si l'acte a, du fait de son métier, une portée et une résonance qu'il n'a pas pour ses frères captifs —, dans cette geôle, « écrire est le seul moyen de continuer à vivre[2] ».

PANNEAU CENTRAL : LA FORTERESSE DE L'ALTENBURG

Album de famille

Au sommet du noyer généalogique, voici que réapparaît la figure capitale du grand-père, celui qui dominait déjà le début de *La Voie royale*. C'est ici encore le grand-père du narrateur. On a simplement quitté le décor marin de Dunkerque pour s'isoler dans une forêt d'Alsace, un de ces lambeaux de la « Sainte-Forêt » médiévale. La forêt et la mer, les alliées inséparables... Et l'on retrouve chez ce grand-père le même entêtement — s'estimant retranché de l'Eglise, il assistera à la messe chaque dimanche jusqu'à la fin de sa vie à l'extérieur du bâtiment, dans un carré d'orties —, le même sens du devoir — il a appris à un ara laissé là par un cirque sa devise « *Fais ce que dois* » —, la même fidélité aux valeurs qui fondent sa vie, jusqu'au suicide. « Les millénaires, écrit Malraux, n'ont pas suffi à l'homme pour apprendre à voir mourir. L'odeur de sapin et de résine qui entrait à travers les fenêtres d'été, mille objets de bois poli, unissaient en un passé de souvenirs et

1. *Ibid.*, p. 29.
2. *Ibid.*, p. 30.

de secrets ces enfances écoulées dans l'exploitation forestière familiale ; et tous se confondaient dans l'affectueuse déférence que la mort leur permettait de porter sans réserve au burgrave bourgeois et révolté dont l'inexplicable suicide semblait couronner secrètement la vie [1]. »

Les hangars à bois ont remplacé les hangars à voiles de l'hôtel de Dunkerque. Et cette maison resurgit, son capharnaüm de la Compagnie des Indes, ses pièces fermées l'été, le son des scies et l'odeur du bois chaud, les clowns et les ours qui passent, les Juifs dorés comme ceux de Rembrandt... Vertige d'une maison originelle, reliquaire de souvenirs et du fantôme d'un suicidé. Unique maison de Malraux qui passera sa vie ensuite à fuir de domicile en domicile, habitant souvent chez d'autres, Boulogne, la Lanterne, Verrières, comme s'il n'était de demeure véritable que celle qu'on a perdue. La maison du grand-père ou celles des femmes et de l'Etat...

A côté de cette figure qui domine le noyer généalogique, on trouve celle de son frère, Walter, le fondateur et l'organisateur des colloques de l'Altenburg. C'est lui qui a réuni les fonds nécessaires à l'achat du prieuré. C'est lui qui a fondé le rituel des rencontres annuelles avec des intellectuels de tous pays. C'est lui qui fut l'ami de Nietzsche.

Une messe de l'esprit

La rencontre de cette année-là tentera de répondre à cette interrogation : « Existe-t-il une donnée sur quoi puisse se fonder la notion d'homme ? » Et l'on s'immerge dans la profondeur d'une bibliothèque admirable avec un pilier central, de très rares lampes fixées à la hauteur des yeux, quelques sculptures gothiques, des photos de Tolstoï et de Nietzsche, un portrait de Montaigne et les masques

1. *Ibid.*, pp. 38-39.

funéraires de Pascal et de Beethoven. Et dehors la forêt toute proche, le parfum de champignon des arbres ruisselants, les humeurs spongieuses et les effluves d'automne de ce fragment de Brocéliande. Dans la forteresse de l'esprit flotte la poussiéreuse odeur des reliures. Au loin déjà le soleil s'abîme dans la forêt, ses cendres, ses chapes d'aiguilles sèches, ses buissons, ses innervations d'eau légère. Dès que l'on franchit le seuil de la salle majestueuse, sertie de cuivres, parée de dépouilles, de massacres, de statues de noyer, une atmosphère d'inquiétude lasse reflue de la nuit des murailles. Les participants sont là, les mains serrées sur l'arête de la lourde table. On dirait que dans leurs prunelles recueillies luisent les fastes de Sumer et des tribus primitives.

La *messe de l'esprit* ne saurait commencer sans l'évocation de deux figures tutélaires, deux figures dont le parcours modèle une certaine image de la condition d'homme : Nietzsche et le grand-père qui s'est donné la mort. Un événement manifeste le mystère et l'épiphanie de cette condition chez Nietzsche, une formule emblématise la perfection humaine du cheminement du grand-père. Au terme d'une vie sans éclat et souvent douloureuse, et alors qu'il est déjà gagné par le désir de la mort, le vieux propriétaire forestier, « misérable petit tas de secrets » comme tout homme, aura ce mot magnifique : « Si je devais choisir une autre vie, je choisirais la mienne [1]... »

Nietzsche, nous l'avons déjà rencontré, s'enfonçant aux côtés de Walter dans la nuit du Saint-Gothard, pour une traversée dans la poussière et la suie qui le verra brusquement se mettre à chanter, avec une luminosité vocale sans pareille, son dernier poème *Venise*. Ce sont ces deux exemples qui hantent Walter et Vincent Berger au moment

1. *Ibid.*, p. 100.

où va s'ouvrir le colloque de l'Altenburg. Pour Walter, le chant de Nietzsche dans cet obscur wagon a effacé les millénaires du ciel étoilé. Et il poursuit :

« Les amants comblés — on dit : comblés, je crois ? — opposent l'amour à la mort. Je ne l'ai pas éprouvé. Mais je sais que certaines œuvres résistent au vertige qui naît de la contemplation de nos morts, du ciel étoilé, de l'histoire (...) vous... connaissez la tête de jeune homme du musée de l'Acropole ? La première sculpture qui ait représenté un visage humain, simplement humain ; libéré des monstres... de la mort... des dieux... Ce jour-là, l'homme aussi a tiré l'homme de l'argile [1]... »

Le chant de Nietzsche au-dessus du fracas métallique des roues d'un train, la solitude du vieillard attendant dans sa chambre aux rideaux tirés l'énigme qu'il apprivoisera enfin : deux actes de création.

Le titre initial du colloque était : « Les éléments éternels de l'art », mais la mort du vieil homme de Reichbach a modifié la donne. Aussi le colloque se penchera-t-il sur « la permanence et la métamorphose de l'homme ». Discussions irréelles sous la pluie qui frappe la verrière, dans une lumière rasante qui vient dorer les dos des livres. Physiques étranges, de chercheurs et d'intellectuels, rats de bibliothèques, hommes férus de conceptualisations et de mises en équation. Sentences prononcées avec la solennité requise, et qui sont autant de formules de la réflexion de Malraux, à venir, sur l'art.

Le comte Rabaud : « Je crois à un homme éternel parce que je crois à l'éternité des chefs-d'œuvre [2]. »

1. *Ibid.*, p. 98.
2. *Ibid.*, p. 113.

Vincent Berger : « Notre fiction — drame, roman, — implique une analyse de l'homme. Mais il est clair que cette analyse, seule, ne serait pas un art. Pour qu'elle le devienne, il faut qu'elle entre en lutte avec la conscience que nous avons de notre destin[1]. »

Et encore : « Notre art me paraît une rectification du monde, un moyen d'échapper à la condition d'homme[2]. »

Et le père du narrateur s'anime soudain. Dehors des hommes chargent des troncs comme aux temps immémoriaux de la Sainte-Forêt.

« Dans ce qu'il a d'essentiel, notre art est une humanisation du monde[2]. » Seul Möllberg introduit dans cet échange une note dissonante : on ne peut, selon lui, concevoir de permanence de l'homme que dans le néant. Sous la verrière que mouille l'averse, entre les reliures magnifiques, l'assertion a l'effet d'une bombe. Vincent Berger prend immédiatement la parole pour demander si cette permanence ne s'inscrit pas, au contraire, dans le *fondamental*[3]. Et on retrouve là l'écho direct de la méditation d'Alvear dans *L'Espoir.* Möllberg réplique avec vivacité que l'homme fondamental est un leurre : pour lui, les hommes « n'ont guère en commun que de dormir quand ils dorment sans rêve, — et d'être morts[4] ». Le colloque atteint là sa véritable altitude. Le comte Rabaud reprend la parole, et se fait aussi le porte-voix des préoccupations de Malraux : pour lui, quelque chose d'éternel demeure en l'homme, en l'homme qui pense, et « c'est son aptitude à mettre le monde en question[4] ». L'éternel conflit des ethnologues et des esthètes, de ceux que saisit et travaille le

1. *Ibid.*, p. 127.
2. *Ibid.*, p. 128.
3. *Ibid.*, p. 145.
4. *Ibid.*, p. 147.

mystère de l'acte de la création. Le colloque, par sa tempête de beaux esprits, a tué le romanesque chez Malraux et fait le lit de la réflexion sur l'art. Le panneau central du triptyque des *Noyers* tombe sur la fiction comme une dalle funéraire...

Vincent Berger sort. Il quitte la bibliothèque et va marcher parmi les noyers. C'est une marche prémonitoire, sous l'identité du futur colonel de la Résistance. Les arbres, le paysage, le silence du soir qui tombe : autant d'archétypes et de visages pour une songerie autour de la puissance du *Fondamental*. « Entre eux [les noyers] les collines dévalaient jusqu'au Rhin ; ils encadraient la cathédrale de Strasbourg très loin dans le crépuscule heureux, comme tant d'autres troncs encadraient d'autres cathédrales dans les champs d'Occident. Et cette tour dressée dans son oraison d'amputé, toute la patience et le travail humains développés en vagues de vignes jusqu'au fleuve n'étaient qu'un décor du soir autour de la séculaire poussée du bois vivant, des deux jets drus et noueux qui arrachaient les forces de la terre pour les déployer en ramures [1]. »

La masse lointaine de la cathédrale, cette terre qui va de nouveau connaître la guerre, et le vertige des échanges de la forteresse de l'Altenburg... Et cette montée de la sève qui irrigue l'aubier, cette puissance qui monte des reins de la terre... C'est cela le colloque de l'Altenburg, une messe surréaliste qui sonne comme le requiem de la fiction pure, la naissance aussi de toute la réflexion sur l'art, cette forteresse de livres, ces noyers qui jaillissent comme les sculptures du vrai démiurge, cette cathédrale, et ces deux masques tutélaires dont la vitalité pulvérise tous les

1. *Ibid.*, pp. 151-152.

masques : Nietzsche chantant et le vieillard lumineux de Reichbach.

VOLET DE DROITE : CAMP DE CHARTRES

C'est la suite de la méditation guerrière. Après la messe de l'esprit qui vient d'être dite sous la verrière de l'Altenburg, le retour, comme dans le premier volet, à la vérité des simples : 1940, la découverte de la fraternité dans l'action, l'angoisse et l'exaltation de la marche au combat. Ce sont de belles pages que Malraux reprendra sans grandes transformations dans les *Antimémoires*. Cette campagne que traverse le soldat semble sculptée par l'éternité : granges dont les portes battent dans l'attente de l'arrivée des Mages, « aube biblique » et ce couple de paysans hagards, spectateurs du drame, cette vieille femme assise dont Malraux dit qu'elle était « accotée au cosmos comme une pierre [1] ». Mystère de la pulsion vitale plus prégnant dans ce galion de risques qu'est la guerre, d'une pulsion enracinée dans la conscience et l'acceptation du sacrifice, mystère aussi, après l'obscurcissement de la peur, de la joie vibrante et panique de l'*être-au-monde*...

*

Les Noyers de l'Altenburg est un texte rare parce que c'est un livre d'adieu. Adieu à l'allégresse du récit et à la transparence de la fiction. Ici, d'ailleurs, les souvenirs et la tonalité conceptuelle du colloque viennent miner le roman, faisant de ce triptyque trois volets presque distendus, trois étapes d'une réflexion que Malraux retravaillera par la

1. *Ibid.*, p. 291.

suite. Les Allemands ont brûlé le manuscrit de ce qui devait suivre, mais on a du mal à imaginer ce qu'aurait pu devenir une fiction qui s'engageait dans des voies aussi peu romanesques. Ce triptyque célèbre donc l'adieu à l'invention des royaumes de fiction. Adieu romans, adieu royaumes. La mort de la fiction, chez un écrivain dont ce fut la première tentation, est toujours quelque chose qui m'attire et m'émeut. Mort de la fiction chez Malraux, chez Gracq. J'en ai parlé avec le solitaire de Saint-Florent, et les fantômes d'Argol, des Syrtes ou de la forêt ardennaise ne cessaient d'habiter notre conversation au-dessus du fleuve... Romans qui tombent soudain comme des coques, des mues, des défroques ou des vestiges. Aucun ne renonce à l'écriture — il ne s'agit donc pas d'un refus ou d'une amputation —, mais d'une traversée qui se poursuit, sans ces protocoles, ces béquilles, ces rouages trop voyants que sont les appareillages du roman... Le Musée imaginaire va accaparer Malraux. Mais ses emballements ne seront plus jamais ceux que procure l'écriture fictionnelle. Au moment de mettre en ordre ses souvenirs, en jouant du désordre polyphonique du *Miroir des Limbes*, Malraux éprouvera la nécessité d'aller visiter le vaisseau enseveli des *Noyers*. Et de piller ce livre en apparence oublié — comme on pillerait les trésors d'une sépulture renfermant le corps intact qu'on aurait eu dans une première vie.

S'il y a un autre adieu que l'on doit évoquer ici, c'est celui d'un écrivain ami qui va s'enfoncer dans la mort, l'adieu d'un complice de l'aventure de la N.R.F. et qui fut aussi le parrain du second fils de Malraux : Drieu la Rochelle. Dans son journal, alors qu'il fixe déjà la porte d'angoisse par laquelle il quittera un monde où il estime ne plus avoir sa place, l'auteur du *Feu follet* et des

Mémoires de Dirk Raspe — deux grands textes de la littérature de ce siècle — évoque le paysage littéraire et la figure, essentielle à ses yeux, de Malraux. Le passage est daté du 9 août 1944. Drieu clame son dégoût à l'idée de vivre un après-guerre, « revoir la *N.R.F.*, la Chambre, les Juifs, M. de Gaulle mis de côté comme... Clemenceau, les belles paroles aux anciens combattants... Pouah[1] ! ». Et, au moment de sombrer dans la mort, il tient à réaffirmer sa confiance en Malraux, la plus forte nature d'homme qu'il ait rencontrée. Il l'oppose à Aragon dont il n'aime pas le côté « méchante femelle[2] » et regrette qu'il ne soit plus communiste et qu'il ait versé du côté américain[3]. Drieu, d'un pessimisme absolu, déclare que le temps de l'écriture est fini. Il est sur cette voie où la suprême liberté est de se donner la mort, et non de la recevoir. Et sur cette voie douloureuse où il s'engage, dans un monde qui vire à l'Apocalypse et au chaos, son adieu à Malraux se dit sur le mode d'une foi inentamable : « (...) il verra clair dans la faiblesse américaine au bout de quelque temps et il sera dans la convulsion de la révolte américaine contre soi-même[3]. » Il reste à Drieu à relire l'Evangile de Jean et à méditer le sens du rite du Lavement des pieds...

Lucidité et convulsion : les armes de celui qui, passé le temps des fictions, aborde aux rivages du Fondamental.

1. Pierre Drieu la Rochelle, *Journal 1939-1945*, Gallimard, 1992, p. 417.
2. *Ibid.*, p. 418.
3. *Ibid.*, p. 419.

VII

LE VERBE ET LE ROI

Comme dans ces légendes ou ces mythes qui racontent des histoires de duos ou d'alliances vécues sur le mode de la passion et de l'accord indissoluble, ils n'ont, au premier regard, rien de commun. Ils viennent de planètes différentes. Un observateur peu avisé dirait même que des années-lumière les séparent. L'origine, le parcours, les milieux traversés, les options politiques, tout, jusqu'à l'aventure de la guerre et de la Résistance, les oppose. L'un est le pur produit du conservatisme français, rallié à la République à défaut d'autre chose, militaire de métier et de sacerdoce, homme de la filiation, de la tradition, de la morale monolithique et de la syntaxe classique, l'autre est un kaléidoscope, un ludion volage et curieux, un farfelu, opiomane, pilleur de bas-reliefs sacrés, révolutionnaire par la pensée et le geste, amateur et grand connaisseur de femmes, esthète et propagandiste, buveur, joueur, mythomane. Ils viennent de rivages qui appartiennent à des continents lointains. Seules les dernières années les rapprochent, l'aventure de la clandestinité et du combat, cet amour immodéré de la patrie, d'une terre à libérer, le rejet d'une idéologie abjecte et d'un occupant à chasser : l'un fut général emportant à Londres tel un voyageur clandestin le Saint-Graal de la Gaule éternelle, l'autre, des maquis de

Corrèze aux campagnes neigeuses d'Alsace, colonel intrépide et ardent, officier respecté et admiré de ses hommes, stratège ne rechignant jamais au feu de l'action. Ils ne se connaissent pas encore, leurs brisées de guerre ne se sont pas croisées, mais déjà ils parlent la même langue. Quand il prend la parole devant des renforts qui viennent grossir sa brigade, le colonel Berger les accueille d'un : « Je salue parmi vous vos morts d'hier et parmi vous les morts de demain. » C'est dans toute sa splendeur la rhétorique gaullienne ciselée dans le vif du combat. Non, ils ne se connaissent pas mais ils agissent au nom d'un même idéal qui est la sauvegarde et la perpétuation des valeurs de la France infrangible. Le Général attend à Londres, organise et fédère les résistances, passe par l'Afrique, et revient triomphateur sur les Champs-Elysées et à Notre-Dame. Des taillis de la Corrèze et des vallées mythiques du Périgord aux noyers de l'Alsace et à la cathédrale de la victoire, le colonel esthète semble suivre un parcours parallèle.

Dans les mythes que j'évoquais en commençant, ceux des pactes scellés par une puissance cosmique, il y a toujours un édit, un philtre, un talisman. Une formule indéchiffrable par des regards profanes et qui lie à jamais. Il est écrit dans les astres qu'ils se rencontreront à ce moment-là. C'est ainsi et c'est inscrit de tout temps dans la mémoire du monde. Malraux est un habitué des visitations du destin, mais c'est plutôt l'Ange de la mort qui cogne à sa fenêtre. Ce soir d'août 1945, une de ses connaissances arrive tardivement à Boulogne, s'arrête au seuil du vaste atelier encore mal éclairé. Elle dit :

« Le général de Gaulle vous fait demander, au nom de la France, si vous voulez l'aider [1]. »

1. *Le Miroir des Limbes*, tome I, p. 100.

C'est d'une simplicité protocolaire, mais c'est avant tout le mot d'un chef de guerre qui a veillé à Londres la relique de la France et qui croit venu le moment de la redéposer dans sa terre naturelle. C'est aussi simple et aussi fou que cela. Et l'on naviguera toujours désormais entre la mégalomanie des porteurs et des amateurs de tiares et la franchise et la netteté d'enfants rêveurs épris d'absolu. Ce que dit le Général — qui songe déjà à se hisser sur la pierre des rois —, c'est : j'ai la relique, je ne suis qu'un chef de guerre qui connaît la puissance de votre verbe, et j'ai besoin de vous pour procéder à cette greffe alchimique...

Le roi réclame le secours du verbe. Et ils sont une triade : le roi, la relique et le verbe. Pour que la France retrouve son éclat et son erre, il faut que la triade se soude en trinité. C'est le pacte alchimique qui assurera la prospérité et la splendeur. Que l'un de ces éléments faiblisse ou disparaisse, et c'est le drame. Celui qui rêve, autour de la relique qu'il a dissimulée, portée et vénérée dans ses bagages de voyageur errant, d'inventer un royaume, c'est de Gaulle. Et ce royaume qu'il entrevoit semble aussi inaccessible, ténébreux et englouti que les sanctuaires de l'autre royaume, celui d'Orient... Il a des images plein la tête : Reims, la nécropole profanée de Saint-Denis, Versailles, Trianon, les forêts royales, Vincennes et le Louvre, et les tranchées, les charniers, la boue sanglante de Verdun, les morts de Flandre et d'Alsace, et cette terre hercynienne qu'il contemple depuis son belvédère de Colombey, cette terre avec ses germinations, ses reverdies et ses sillons, cette terre que stérilise l'effacement de l'accord fondateur du royaume...

L'un ne rêve que de Lascaux et de Rembrandt, des adorateurs de bisons et des bâtisseurs de cathédrales, du Greco et des sculpteurs aztèques, l'autre passe des heures à écouter monter en lui la rumeur de l'Histoire. Enfant, il se voyait chef, monarque, concentrant entre ses mains les destinées de la Gaule archaïque et éternelle. L'autre, qui manie pourtant si bien le verbe — et les noms, les concepts, la cadence d'une phrase — a toujours ressenti la pauvreté native des mots quand ils ne s'allient pas au réel, quand ils perdent cette tentation, qui les fonde pourtant, d'empoigner le monde, choses, œuvres, songes, systèmes...

Et c'est parce qu'il a cette haute idée de sa mission et qu'il ne la conçoit que sous la forme du sacerdoce que de Gaulle est puissamment légaliste. Chef de guerre il fut, même lorsqu'il portait de l'autre côté de la Manche la relique des rois, l'ampoule de la Gaule fondamentale. Et c'est en chef de guerre qu'il s'installe rue Saint-Dominique au ministère des Armées. Il a préféré l'hôtel de Brienne à l'Elysée. Déjà il n'aime pas l'Elysée, lieu de toutes les compromissions, de tous les manquements du régime précédent. Palais de courtisanes et de cocottes vénéneuses. Et d'ailleurs on ne fait pas l'Histoire dans le huitième arrondissement ! On est mieux parmi les armures et les militaires.

Plus tard, se souvenant de cette première visite à l'hôtel de Brienne, Malraux dira que le bureau était d'un ameublement spartiate et rempli de cartes. Indifférence de De Gaulle au décor, aux conditions matérielles. Et il entre là, celui qui fut, et le demeure encore, *inventeur de royaumes*. Ils se jaugent. Ils s'apprivoisent. De Gaulle ne veut pas d'un adoubement. Malraux n'a pas besoin d'une inféodation qui serait manifeste. Quand on a porté l'ampoule mythique de la Gaule sur les eaux tumultueuses, quand on a plongé dans les ténèbres marines de la Voie royale et de Lascaux, dirigé des hommes sous la mitraille ennemie, quand on a rêvé la restauration de l'Etat, quand on a écrit, on désire tout sauf des simulacres. Ont-ils besoin de rites le premier jour de leur rencontre ? Quinze ans plus tard ils les auront. L'un le salon doré d'Eugénie, l'autre le bureau du roi Jérôme, et les lampes de Biennais pour l'Empereur, et les savonneries, et Versailles, et les marbres roses du Trianon, et la froide nécropole du Panthéon. Et leurs rites du verbe, les mains cramponnées sur la relique qu'ils préservent...

De Gaulle parle soudain :

« ... Je veux restaurer l'Etat... Planter dans le sol français cette précieuse relique que tous ont regardée et qui a fédéré la mosaïque à l'origine éparse de la Résistance. Cette relique qui a attiré en Angleterre des matelots sénans de dix-sept ans ! C'est l'éclat de la France éternelle, la France des ducs et des chevaliers, des croisés et des rois... La France des bâtisseurs. Finie la soumission, fini l'asservissement à tous ceux qui nous ont menés au gouffre ! Il se peut que j'aie besoin de vous. Je sais la manière dont vous avez conduit vos hommes, votre dévouement, votre fidélité, votre sens de l'honneur et de la parole donnée. Il y a en vous des choses qui me sont plus lointaines, mais qui m'attirent... Pas l'Espagne, non cette aventure de la Voie royale, cette plongée dans les temples parmi les fougères et les termites. Et ce survol des ruines imaginaires de la reine de Saba. Moi, le royaume que je brûle d'inventer, il a existé aussi, il me suffit d'en retracer les contours, de lui redonner une cohésion, et une espérance... On ne gouvernera la France qu'en lui offrant ce rêve de grandeur, en lui rappelant, sans jamais vraiment le formuler, qu'elle est un royaume immortel. Serai-je le roi ? Non, le chef. Celui qui continuera de veiller sur cette relique qu'il a prise un jour, par devoir. C'était un vol salutaire, vous savez... Et vous, je vous imagine bien en sorcier, en mage, en prophète... Pas de France sans grandeur... Ni sans incantation... Je sais que vous aurez compris que je ne vous demande surtout pas de vous soumettre. On ne s'inféode jamais qu'à la

France. C'est à sa tradition et au flux de son Histoire que l'on fait acte d'allégeance. Pour la France, je vous demande ce service, et pour moi cette aide... »

Malraux redescend l'escalier monumental, confondant rêveusement les huissiers et les armures... Qu'a-t-il vu ? Un homme au physique étrange, mi-oiseau, mi-navire... Et surtout une démarche impérieuse, un grand corps voûté aux bras un peu ballants. « Un chaman... C'est un chaman..., songe soudain Malraux. Comme Trotski, comme Dostoïevski, et Mirabeau, et Hölderlin et Poe... Napoléon n'était pas un vrai chaman. Il croyait trop aux choses. Lui, c'en est un vrai et en plus il a réduit au minimum sa part de comédie [1]... »

*

Ils ont un projet, un désir, une espérance qui ne prendra corps qu'en 1958. Ce n'est qu'alors qu'ils pourront véritablement inventer le royaume. La relique que de Gaulle avait transportée à Londres et qui est la lumière de la France éternelle, les Français, ou, pour être plus précis, les politiques censés les représenter, n'en veulent pas. Et ils renvoient de Gaulle à l'austérité et à la déréliction de Colombey, ils le renvoient à la tête d'une légion de réminiscences et d'illusions mortes. Il contemple le paysage de sa tour octogonale, il voyage quelquefois, esquisse les contours de ce que pourrait être une France rétablie dans sa grandeur, il passe des heures à regarder l'inscription des grains et des embellies sur les emblavures et les forêts

1. Il s'agit d'une retranscription libre, et à peine transformée, de lignes prémonitoires que l'on trouve aux pages 48-50 des *Noyers de l'Altenburg*.

qui entourent la Boisserie. Dans la maison aux murailles tapissées de lierre, dans sa tour-bureau qui se dresse comme un belvédère sur ces confins rugueux du royaume, entre les feuillets de ses mémoires et un pèlerinage sur la tombe de sa fille, il semble soudain sans espérance. Et Malraux, lorsqu'il ne se dépense pas dans les meetings du R.P.F., retrouvant l'ardeur pythique du verbe de leur pacte de 1945, se claquemure dans son atelier lumineux de Boulogne et écrit sur l'art...

L'Histoire va les rappeler, et comme il lui arrive de parler par la bouche de ceux qui tiennent les rênes à ce moment-là, c'est le fade président Coty qui demande à de Gaulle de quitter sa solitude de Colombey. En Algérie, on est au bord de l'insurrection. Malraux rentre précipitamment de Venise. Il méditait devant Tintoret et Carpaccio. La lagune, l'eau qui ronge les assises des palais et ces nefs remplies de trésors, la sédimentation des beautés, et la lumière qui avait mené Chateaubriand au bord du vertige... Il se retrouve à l'hôtel Lapérouse, le point de chute parisien de De Gaulle. Le discours est ferme et clair : « Maintenant, faire un Etat qui en soit un, stabiliser la monnaie, régler la question coloniale [1] ! »

Et ce qui le préoccupe, ce n'est pas tant la France que l'Etat. La relique de la Gaule fondamentale, il la porte en lui, elle est comme tissue à sa chair et dans le regard de ses concitoyens à son *personnage symbolique*. Mais l'Etat, l'ossature vitale, doit être refondé. Et dans la République, le président est le royaume et l'Etat. Louis XIII et Richelieu. L'Etat se situe à ce point de tangence entre l'essence du royaume et sa survie matérielle : la monnaie, l'armée, la marine, l'industrie, l'outre-mer, l'organisation des régions. Et cette refondation de l'Etat passe immanquable-

1. *Le Miroir des Limbes*, tome II, p. 249.

ment par un changement de République. Les tables de la Loi étant mauvaises, et transitoires, il est salutaire de les briser. Malraux sera de tous les conseils, de toutes les délibérations nocturnes. Il dira que cela l'amusait, ce respect et cette attention qui accompagnaient l'élaboration du socle sur lequel le Général entendait replacer la France. Et le 4 septembre 1958, place de la République, pour la présentation officielle des tables de la Loi nouvelle, il est là.

L'aventure décidée dans l'étrange et irréelle rencontre de l'hôtel de Brienne — ce pacte passé, la triade scellée, cette parole de celui qui détient et qui *est* la relique : « Viens, Verbe psychopompe, toi qui es l'art, la transgression, la création, et l'ailleurs, et l'Histoire » — s'accomplit enfin. Et Malraux répond présent, occupant une fonction multiple, protéiforme : intendant des beaux-arts et du patrimoine, promoteur d'une plus large diffusion de la culture, ambassadeur personnel du président, grand prêtre de la République. Non que de Gaulle soit dénué du sens de la langue, ni de l'art de la parole publique, mais dans ses grandes heures, lorsqu'il s'agit de fêter des héros, ou des artistes, le Verbe monte au front : Jeanne d'Arc, Jean Moulin, Braque, Le Corbusier... Le grand druide de la République a ses cathédrales et ses chaires : le Palais-Royal, l'Opéra, le Louvre, et le Panthéon. Déjà le Panthéon...

De Gaulle s'est installé bien malgré lui à l'Elysée, chez la Pompadour, chez Félix Faure aussi, dans cette maison où Napoléon a signé son acte d'abdication. Il ne met jamais les pieds dans le salon d'argent, au demeurant ravissant, où eut lieu la funeste reddition. Il fuit les lieux qu'occupaient ses prédécesseurs. Il a demandé à Malraux d'imaginer un cadre, non pas pour lui, mais pour ce retour de la relique de la France éternelle dans une châsse digne d'elle. On songera successivement à Vincennes, aux Invalides, au Trianon avec son beau péristyle rose — Malraux le fera restaurer et on l'affectera finalement aux hôtes étrangers de prestige —, au musée Rodin... pour rester rue du Faubourg-Saint-Honoré, en des lieux où selon le mot catégorique du Général on ne fait pas l'Histoire ! Pour mieux jouir de la vue du parc et de sa pelouse qui s'incurve jusqu'à la pièce d'eau, de Gaulle s'installe au premier étage, dans l'axe du jardin, dans un salon très doré, jadis aménagé pour l'impératrice Eugénie. Après lui, Georges Pompidou, François Mitterrand et Jacques Chirac choisiront cette même pièce. Le décor sera d'une rigueur militaire : peu de meubles, le bureau en bois de violette à maroquin rouge que Félix Faure, oui Félix Faure, avait fait venir du ministère de la Marine, un des flambeaux de vermeil que Biennais avait exécutés pour l'Empereur et qui depuis avait éclairé la table des présidents des précédentes républiques, des fauteuils et un canapé Empire, et un globe terrestre offert par les barons de la Résistance. C'est là que de Gaulle travaille et reçoit. Le Conseil des ministres se tient de l'autre côté du cabinet des aides de camp dans ce qui fut la salle à manger des présidents Auriol et Coty : on a à la hâte fait disparaître sous des tentures de bon aloi les céramiques saugrenues de Lanel...

Et ils ne se quittent pas. Au Conseil, Malraux est le voisin le plus proche de De Gaulle. Aux conférences de presse, il est au premier rang, au pied de l'estrade. Lorsqu'il s'agit d'accueillir les cendres de Jean Moulin au Panthéon, il est aux côtés du Général, dans la bourrasque, sur les marches de la nécropole. Et place de la Concorde pour le 14 juillet, et dans le vaisseau illuminé de la galerie des Glaces, aux dîners d'apparat.

Souvent il abandonne son bureau de la rue de Valois pour retrouver le président de la République. Il va rendre compte de ses missions, de ses projets. Le roi médite, enfermé dans sa châsse dorée qui domine le parc. Tout est resserré, petit, banal même... Il doit y avoir dans la songerie du Général des foules levées, des vivats, des tempêtes. On dirait que le petit hôtel de l'Elysée renferme toute la tristesse de l'Etat. Car ce qui porte vers l'ailleurs, vers le front, vers des rives exaltées, c'est la mythologie du pouvoir, sa liturgie. Et le chaman de Gaulle a donné à Malraux dès 1945 sa place, le *pallium* qui l'inscrit dans cette liturgie. A lui la charge du verbe, du faste et de l'âme. Le général aux origines gaéliques se souvient de Merlin, de celui qui prophétisait auprès d'Arthur et rendait aux sortilèges la prééminence qui leur revient. Et, s'il doit y avoir une Eglise autour de la relique de la Gaule éternelle, elle aura pour prêtres et pour moines ceux dont la fraternité s'est tissée dans la sueur, l'angoisse et le sang de la Résistance. La force de la République renouvelée ne tient pas seulement à la personnalité sans égale de celui qui l'incarne, elle est aussi dans ces rituels qu'elle a su forger — mais la France sait encore à cette époque ce qu'est le sacré, elle reconnaît son indispensable présence dans le temps ordinaire — et dans cet ordre, cette chevalerie qui a sa souche au mont Valérien et dont le Général lui-même a choisi de porter l'emblème sur son portrait officiel dans la bibliothèque circulaire.

Après avoir traversé le cabinet des aides de camp — dont on dit que les boiseries fleuries cachent les leviers de la foudre atomique —, Malraux pénètre dans le bureau de De Gaulle. Le Général se lève, voûté, comme malhabile, et désigne à son visiteur le fauteuil de droite. Le flambeau ciselé de Biennais éclabousse le cuir rouge du bureau et l'énorme globe terrestre des compagnons. De part et d'autre de la cheminée de marbre blanc s'envolent des nymphes longilignes aux seins nus que le Général appelle les « femmes nues dans les volubilis [1] ». Le globe, immobile, surplombe la pelouse vide du parc. On croit parfois entendre le bruit assourdi des voitures sur les Champs-Elysées. Malraux halète, grimace. Le Général est habitué à ces mimiques, ces gestes hallucinés de sorcier qui voudrait dompter un essaim de pieuvres... Il aime cette voix d'ombre, cette respiration tellurique. Tout en écoutant Malraux, il regarde la tapisserie qui est derrière lui et qui représente Don Quichotte guéri de la folie. Malraux soliloquerait des heures. Et c'est une musique, une rumeur de grands fonds et de forêts hercyniennes. Tout à l'heure, de Gaulle posera sa question rituelle : « Et la mort, vous savez ce que c'est ? » Auparavant il sonne, demande à l'aide de camp d'apporter le whisky. A Versailles, au Trianon, les soirs où la France reçoit, il n'y a jamais trop de lumières. Ici, pour cet échange intime, la lampe de Biennais suffit.

« Il y avait aussi autrefois un encrier qui allait avec ces flambeaux », dit Malraux qui a parfois des élans de gardien du mobilier de la République. De Gaulle semble indifférent. Il considère cet endroit comme une garnison. Il aurait eu un rêve peut-être : installer quelque part dans cette maison un cabinet de cartographie.

« Comme celui de l'Empereur à Trianon », redit Malraux. Depuis qu'il habite le pavillon de la Lanterne, Versailles, c'est chez lui.

Quand ils parlent de choses sans importance, c'est pour évoquer les meubles et les objets des princes — de leurs devanciers. Déjà Malraux vogue vers d'autres rives.

1. *Ibid.*, p. 188.

Quand il est là, songe de Gaulle, le subalterne se dissout. Et l'on parle de Mao, de l'Allemagne et d'Hitler, du Japon, de l'Inde, de la Résistance, du Gange. Les eaux sacrées envahissent le salon doré. De Gaulle écoute, fasciné. Il est rare qu'il admette que d'autres le fascinent. Ou s'il existe de telles figures, il y a longtemps que les siècles les ont réduites en poudre... Et il est sensible à la légende de son visiteur crépusculaire, cette aura, cette étoffe où se conjuguent le soufre et l'excès. C'est le seul qui ait le droit de poser un verre de liqueur dorée sur le cuir de la table présidentielle. « C'est un chaman, se dit encore de Gaulle, et il est toujours travaillé par cette volonté de définir l'homme, sa patrie, c'est le Gange... ou les nuages. Il n'est pas de ce monde. Il ne peut vivre que dans la fraternité des ombres. Les ombres ou les cendres, les chimères, les mythes... Il est ministre comme je suis président. Mais ce n'est qu'une fonction qu'on occupe dans le monde visible... Il est grand prêtre, sourcier, c'est un inventeur de royaumes, un voyant aux prunelles d'hypnose. »

A cet instant il sait ce qui lui plaît dans sa phrase, dans ses discours, cette brèche qui s'ouvre soudain sur la nuit, les failles de l'ailleurs, ces *métaphores*. Il se sait, lui, ligoté par les cadences de sa syntaxe héritée de Bossuet et des classiques, ce trop fameux martèlement ternaire. Chez Malraux il y a des furies, des transes, des incantations... Les formules, la syntaxe — cette respiration — d'un passeur chamanique. Chaque phrase qu'il prononce lui semble l'affleurement d'une possession. Et l'Etat serait plus triste encore sans la présence de cet envoûté, de ce veilleur qui ne parle que du passage des esprits et des mânes fondateurs vers l'autre rive. L'Etat triste, la France qui s'embourgeoise et se remplit les poches... « La tristesse de l'Etat, songe encore de Gaulle, c'est la mort de l'épopée. Il me faudrait des barricades... ou des émeutes... Paris en feu... Ou une remontée sur le Saint-Laurent, des foules qui m'acclament, des paroles de libération... »

« Alors, c'est quoi la mort ? interroge de Gaulle.

— La déesse du sommeil... »

On dirait que cette réponse a la vertu d'un sortilège et qu'elle apaise le Général. Cette question est la seule intrusion intime dans leur échange. Celle qui concerne l'individu Charles affronté à l'énigme du passage. Ce Charles qu'on ne connaît pas, qu'on n'entend jamais. Malraux se ravise. Il lui semble avoir là, devant lui, dans cette châsse d'or et au-dessus des jardins et de l'étang qui s'anuitent, les *trois corps du roi*. Celui de l'individu privé qui s'est révélé à l'instant, par le biais de cette question métaphysique. Celui de l'homme d'Etat, du *général sacerdotal*, soucieux de l'action, de ce qu'il faut faire pour la France, jusque dans les dimensions les plus contingentes. Et le dernier, le plus insaisissable, celui du personnage mythique. Celui qui dans son manteau bleu nuit dissimulait la relique de la Gaule. Cette relique qu'il avait peut-être trouvée, à l'image des saints de Bretagne, dans le creux d'une emblavure. Cette relique qu'il avait ramassée un jour de juin 1940 parce que des mains indignes l'avaient laissée choir. Dans l'intimité feutrée de ce bureau — il semble à Malraux que la bibliothèque de l'Altenburg avec ses reliures et ses Atlantes avait plus de solennité —, on ne sait plus trop où est la relique... La nuit est tombée. Les cygnes de l'Elysée glissent sur une flaque d'ombre... Le flambeau de l'Empereur éclaire les *trois corps du roi...* sous les nymphes nues des volubilis. Malraux se lève. L'usure des manchettes en soie de Beauvais a laissé des fils sur son costume sombre. Ils s'arrêtent face à la fenêtre centrale, celle qui est juste dans l'axe du jardin. Une subite lassitude les étreint. *Combattre, fonder, rétablir, retrouver les marques du rayonnement et de la grandeur...* Ils sont la Ve République. Le talisman, le pouvoir et la transe.

« C'est quoi la mort, Malraux ? demande le très chrétien Charles en fixant cette grille du Coq que l'on devine au fond du parc et au pied de laquelle dorment les cygnes.

— La mort ? Pas le trépas...

— Oui, la mort...

— C'est la déesse du sommeil, mon général... »

VIII

LA BIBLIOTHÈQUE DES FORMES

« Le monde est fait d'oubli », disait Möllberg dans la forteresse de livres de l'Altenburg. A cela, dans la droite ligne de la pensée de Malraux, nous répondons : « Le monde est mémoire » et c'est dans ce vivier bouillonnant de mythes et de songes que nous allons plonger. *Dormir le monde*, vieux rêve surréaliste : récompense après les affres de l'action, richesse des musées que ne cesse de fréquenter Malraux dans sa longue communion avec la mémoire des siècles et dont le blason qui surplombe la porte est marqué du sang d'une immémoriale mutilation : « Tous les musées du monde ont pour symbole le torse mutilé d'Hercule[1]. »

Règnent déjà dans ces reliquaires les images conjuguées du feu et du tombeau, de la splendeur et de la mort, de la purification et du destin. Les musées malruciens sont jonchés de trésors qui apparaissent comme autant de preuves de la domination du monde par l'homme. Et dans cette perspective historique, il faut noter que la contemplation des œuvres du passé assure un rôle déterminant dans un processus qui conduit à la *qualité d'homme* : elle permet le passage du stade de l'informe et de la soumission

1. *Les Voix du silence*, p. 633.

à celui de la maîtrise et de la possession. Aussi l'artiste aborde-t-il la création après un long processus de maturation, très proche de la germination de la pousse, et la qualification humaine qui incluait au départ un microcosme initiatique ne tarde pas à s'ouvrir à la totalité du monde. Connaissance essentiellement *médiatisée* que la découverte de l'univers chez Malraux, connaissance esthétique fondée sur l'évolution des formes et la perpétuation de valeurs.

Et c'est cette croissance, ce cheminement des formes à l'échelle du monde que l'écrivain des *Voix du silence* entend explorer. Descente aux origines des temps, au plus secret des efflorescences nocturnes, aux racines de la religion totémique : « De la *Naissance d'Aphrodite* au *Saturne* de Goya, au crâne aztèque de cristal, les archétypes radieux ou funèbres qu'apporte l'homme répondent aux sursauts du grand sommeil troublé que l'humanité poursuit en nous, et chacune de ces voix devient l'écho d'un pouvoir humain tantôt maintenu, tantôt obscur, et souvent disparu. En lui, le délire épars du monstre de rêves s'ordonne en images souveraines et le cauchemar saturnien prend figure de rêve secourable et pacifié. Il plonge dans le temps aussi profondément que l'homme du sang, et c'est lui qui nous fait rêver de la première nuit glacée où une sorte de gorille se sentit mystérieusement le frère du ciel étoilé [1]. »

Inouïe cette nuit ancestrale où la grossière épave qu'était l'homme d'alors, ce babouin lourdaud, saliveux, bondit pour admirer la dérive stellaire, fuyant comme un silex lâché... Dormir le monde veut donc dire retrouver avant tout dans quelque nodosité de la souche le souvenir de ce soir mémorable. Malraux recherche la source de cette

1. *Ibid.*, pp. 634-635.

première fraternité cosmique, l'unité d'une société primitive soudée autour du grand Ancêtre primordial, d'une vie tribale dont le rythme suit le passé historique du clan, la course du soleil, la mort de la lune, la fécondité de la terre et de la pluie, la pulsation de la nature. A l'origine, il semble que l'homme soit dépassé par la féerie de l'univers et qu'il veuille projeter son effroi dans un domaine de formes magiques capables d'exorciser l'emprise des démons... Nous sommes là aux profondeurs les plus recluses de l'inépuisable, nous feuilletons le premier manuscrit de la Bibliothèque des formes : l'homme a déjà échappé à la fatalité de la terre, la volonté de durer commence à l'habiter parce qu'il a compris que sculpter quelque figure que ce soit dans ce matériau périssable entre tous qu'est la fougère arborescente, c'est s'exposer plus tragiquement encore à la mort et au destin. Dans le substrat de la Bibliothèque des formes germe l'« expression sauvage » qui « s'adresse aux dieux pour atteindre les hommes [1] ». La connaissance s'étend déjà aux brisées des étoiles et ces intercesseurs nous fascinent, venus du noir souterrain avec lequel nous cohabitons depuis des millénaires et qui, à côté de la « part divine », fait partie intégrante de l'homme. Aussi, loin de refuser cet art nocturne, il faut le joindre à la chaîne des cultures, il ne s'agit pas de récuser le rêve, mais de l'annexer : dormir le monde, poursuivre la quête commencée depuis l'origine pour accomplir l'homme.

Chez Malraux, on n'émonde jamais, on ne récuse rien : toutes formes bruissent d'un murmure fondamental et le nier reviendrait à négliger une voie peut-être capitale pour

1. *Ibid.*, p. 560-563.

la connaissance de l'homme. L'arbre de Babel malrucien plonge ses racines dans la nuit primitive. L'art des communautés et de la communion surhumaine est comme enregistré par l'historien des formes, il constitue une base de l'arbre, une base parmi d'autres. Base qu'il ne s'agit pas d'élire mais de reconnaître, et dont la lente maturation à travers les siècles peut exploser un jour dans sa brutale simplicité alors que formes et théories des formes se compliquent et imposent leur tyrannie : témoin le surgissement du Douanier Rousseau, peintre au trait appliqué, nu, précis, capable d'exprimer des faits aussi communs que le passage des saisons ou l'amoncellement de feuilles rougies sur le sol, avec la même puissance que les primitifs les plus frustes. A travers les siècles et l'histoire de la peinture, l'univers des formes se découvre comme un réseau de correspondances. En couchant sur la toile ces images si réconfortantes pour ceux qu'éreinte sans cesse la voix terrifiante de l'infini, le Douanier Rousseau ressuscite l'allégresse des fétiches et retrouve un territoire enfoui que son trait net et incisif circonscrit et déblaie aussitôt. Au cœur de la Bibliothèque des formes, véritable tour du savoir millénaire semblable à ces colonnes criblées de fenêtres qui hantent à l'arrière-plan les paysages de Breughel, la voix ancestrale sans cesse retransmise est aussi perpétuellement entendue.

*

Dans le grand cortège des civilisations, Malraux retrace le cheminement de tous les arts en retrouvant la source dont ils procèdent. Le génie étant selon lui « inséparable de ce dont il naît, mais comme l'incendie de ce qu'il brûle [1] »,

1. *Ibid.*, p. 144.

toute esthétique doit être replacée dans le concert des œuvres auxquelles elle puise et face au masque de cendre des œuvres qu'elle renie. Et ce qui vaut pour l'artiste — né du contact avec des maturités étrangères et non de l'explosion de ses propres virtualités — s'applique aussi à l'aventure esthétique des peuples quand ils cristallisaient leurs angoisses, leurs hantises comme leurs croyances dans des statues, des édifices ou des peintures. Témoin le bouddhisme dont la foi puissante ne suffit pas pour atteindre l'expression du Sage en un élan spontané : pour Malraux, le sage bouddhique n'est que la longue et lente déformation d'Apollon. Comme si, à partir d'un foyer générateur, fourmillait la multitude des arts : l'art roman n'est rien d'autre qu'une conquête de Byzance par le monde occidental, l'art bouddhique, la métamorphose de l'art grec. On glisse ici dans l'antériorité balbutiante des civilisations. A leur échelle, toute esthétique est une conquête : le bouddhisme part à la recherche de l'immobilité, figure de la méditation. Ainsi, si l'on compare le premier Apollon bouddhique qui apparaît extrêmement hybride et un moine gandharien du IVe siècle, la métamorphose semble flagrante : les paupières se sont abaissées, fermées sur l'intensité du recueillement, les traits du vêtement se sont resserrés en une gangue corsetée qui abstrait le corps et confère cette impression de sereine plénitude : le nu grec suggérait la mobilité et la puissance, le nu bouddhique dans son immobilité méditative est délivré du mouvement, sa prière sertie de silence l'arrache au corps, au temps et au monde. Longue procession de formes que l'esthétique rapportée aux errances des hommes ! Les métamorphoses prolifèrent ainsi dans la nuit des siècles : tantôt prédomine l'assurance libératrice des Grecs liée au soleil, au reflet des dieux humanisés, puis cette image reflue avec l'émergence des hommes du silence, les amers dressés et victorieux des rivages sont rejetés dans le mystère diffus des cavernes : on dirait que l'homme est puni de son audace et soudé aux flancs des falaises du Chan-si pour connaître une éternelle humiliation : « Il y a bien une continuité de la Koré d'Euthydikos à Loung Men, mais ce n'est nullement celle d'une influence, c'est celle d'une métamorphose au sens précis du mot : la vie de l'art hellénistique en Asie n'est pas celle d'un modèle, mais d'une chrysalide[1]. »

Aussi le Musée imaginaire, régi par ce mouvement de progrès et de régression, de conquête et d'asservissement, se présente-t-il comme un immense réseau de correspondances dans lequel la découverte d'un élément appelle immanquablement la résurrection d'un autre. Et selon une seule loi qui est la *métamorphose* : les Chinois modifient Apollon, le Douanier Rousseau réveille le monde des fétiches et de l'animisme. La postface des *Conquérants*, reprenant pour l'essentiel un discours de 1948, réaffirme cette incontestable valeur de la métamorphose : « Je ne parle pas ici d'éternité, je parle de métamorphose. L'Egypte a reparu pour nous ; elle avait disparu depuis plus de quinze cents ans. La métamorphose est imprévisible ? Eh bien ! nous sommes en face d'une donnée fondamentale de la civilisation, qui est l'imprévisibilité des renaissances, mais j'aime mieux un monde imprévisible qu'un monde imposteur. » Le tâtonnement des vieilles mains de l'humanité agit avec la brusquerie des séismes. Et nous possédons dans ce sommeil que l'homme poursuit en nous l'intensité du rêve de nos devanciers, condensé

1. *Ibid.*, p. 167.

sous la forme d'un héritage virtuel que réactualise le seul génie de l'acte créateur.

Un art, si brouillon, si informulé soit-il, puise sa force dans le sommeil du monde et le musée de ses prédécesseurs, pulvérise l'obstacle du doute et détruit le carcan d'un monde imposé. Nos artistes les plus modernes furent ceux qui n'hésitèrent pas à se raccorder à ces grands courants ancestraux : Cézanne, Gauguin... C'est pourquoi l'Europe à laquelle Malraux confère un destin presque messianique, un message de délivrance spirituelle, un devoir d'audace et de liberté, doit-elle sortir de l'enfermement de l'art moderne et appeler à son secours le contrepoison de tous les arts du monde, selon la théorie asiatique énoncée avant-guerre à l'université de Berlin, et qui « voit dans l'opium fumé le contrepoison de l'opium assimilé par le sang » : « Et tous les arts du monde se sont pressés à notre appel. Mais quand nous parcourions alors les expositions, nous voyions ces salles où passaient furtivement tant d'ombres douloureuses, de Gauguin à Van Gogh, éclater de liberté. Ces cadavres mêlés à ces vieillesses de gloire, Van Gogh à Rodin, Modigliani à Matisse, exprimaient la même vigueur victorieuse, qui avait arraché de ses mains blessées jusqu'aux plus vieux trésors des images humaines [1]. »

Ainsi s'explique la *transhistoricité* du rêve malrucien qui, confrontant des parts inconciliables de passé, en ressuscite l'essentiel : l'incorruptible forme que prit l'angoisse humaine devant le monde traverse les siècles et, devenue mythe, s'enfonce dans le sommeil inquiet que l'humanité prolonge en nous jusqu'à ce que quelque

1. *Ibid.*, pp. 539-540.

artiste, secrètement lié à sa puissance, la réveille et la porte au jour. Face à un avenir imprévisible et dangereux, le passé malrucien est confrérie, société occulte, dialogue millénaire, fraternité des génies souterrains. Lorsque Malraux renonce à écrire des romans individualistes et sort de l'impasse de l'aventurier et du révolutionnaire qui, affirmant plus leur volonté que la vérité justifiaient leur vie par le choix de la mort, lorsqu'il s'écarte pareillement du marxisme — lequel lui apparaît comme l'historique pur prostré dans l'attente de l'événement absolu qui brise le cheminement millénaire de l'homme et le dépouille de toute signification —, il vient de découvrir la permanence de l'humain fondamental, la fécondité de la vie primitive, l'universalité et la transhistoricité de l'esthétique. Et cette révolution se joue dans *Les Noyers de l'Altenburg*.

Les grands créateurs, pareils aux branches maîtresses de l'arbre de Babel malrucien, outre qu'ils possèdent cette part divine qui nie la mort, l'espace et le temps, accomplissent l'homme aux lisières de l'Histoire et du cosmos. La révélation de ce dernier comme fin de l'action humaine intervient dans *Les Noyers de l'Altenburg* et bannit toute vision de l'absurde récalcitrant : on dirait qu'après des années de déchirure et d'errance, au bout du tonneau sans fin qu'il ne cesse de rouler, l'être malrucien aperçoit un lambeau d'étoile, une éternelle lueur. Un frisson le saisit alors et transfigure l'univers en *décor du soir* : l'être se gonfle de ses virtualités, il va consacrer l'alliance de l'Histoire et du monde. Il ne faudrait cependant pas imaginer le cosmos chez Malraux à l'image de celui des Grecs, amplification de la beauté et de l'ordre du monde. Et si, au plafond de la Sixtine, Michel-Ange a ordonné l'origine de la terre, celle de l'homme et du péché en la dédiant au Christ, à la chapelle des Médicis la Vierge règne avec difficulté sur des éléments plus enchaînés que soumis... C'est l'annonce de la rupture prochaine du carcan de la fatalité cosmique : le cosmos n'offusque plus l'homme, celui-ci au contraire s'y accorde, non plus dans la certitude, mais dans la précarité vertigineuse du mystère.

*

S'il est une figure capitale dans cette Bibliothèque des formes, c'est bien entendu celle de l'artiste. C'est un conquérant, un héritier certes mais aussi un destructeur, quelqu'un que fascinent les œuvres des autres mais qui entend aussi échapper à leur emprise pour creuser l'espace de sa création[1]. Et l'outil de cette création sera le style, empoignade brutale avec les mots, les couleurs, les lignes. « L'artiste, dira encore Malraux, a un "œil" mais pas à quinze ans ; et combien faut-il à un écrivain pour écrire avec le son de sa propre voix ? La vision souveraine des plus grands peintres, c'est celle des derniers Renoir, des derniers Titien, des derniers Hals — semblable à la voix intérieure de Beethoven sourd — la vision qui veille en eux quand ils commencent à devenir aveugles[2]. » Vision chez le peintre, voix chez l'être d'écriture : voilà le style. Il devient un *transformateur de la signification du monde*.

L'artiste naît donc, « prisonnier du style, qui lui a permis de ne plus l'être du monde[3] ». Malraux appréhende le style en son essence : il est pour lui la synthèse des fascinations et des hantises. C'est l'idéogramme de l'être, comme cette *Chaise* de Van Gogh, volonté proclamée par l'artiste de travailler, de dompter la réalité. « Toute grande œuvre,

1. *Ibid.*, p. 357.
2. *Ibid.*, p. 278.
3. *Ibid.*, p. 314.

affirme Malraux, nous atteint en tant que démiurgie[1]. » Les grands artistes ne sont pas les transcripteurs du monde, ils en sont les *rivaux*. Et l'auteur des *Voix du silence* les convoque à l'appui de sa démonstration, traits de fer de Van Gogh rougis au feu de la démence, méditation du Greco, caché à l'ombre d'un buisson pour fuir le soleil d'Espagne, parce que l'« éclat du jour nuirait à sa lumière intérieure », et Rimbaud au sommeil hanté de taupes, de limbes et de patiences lourdes, Van Gogh encore, la rousseur de la toison poissée du sang d'une oreille pendante, Gauguin dont la jambe pourrit dans sa case de la Dominique, et Nietzsche déjà fou chantant *Venise* dans la nuit d'un tunnel au-dessus d'un fracas d'essieux... Art qui est un défi, un cri et toujours une unité au regard du chaos et de la vie. Et le grand artiste chez Malraux ne cesse de désirer l'accomplissement de son plus grand rêve, embrasser la terre tel Zarathoustra mourant, percer l'impénétrable mystère de cette magie ombreuse et calcinée, unir à l'éclat tailladé de ses blessures rituelles et de ses œuvres la dépouille mutilée qui descendra bientôt dans le royaume caverneux des morts. Miracle de délire convulsif, de brûlures, de mutilations effroyables, de gangrène et d'or, dans le seul but d'assouvir le monstrueux appétit de l'Œuvre, le tourbillon et le gouffre de l'Athanor. Conquête et effraction.

Le soir tombe... Rembrandt s'enferme dans son atelier. La rumeur d'octobre cogne la vitre, le peintre s'apprête à retrouver la chaleur de l'émotion primordiale, le secret de l'insondable. Une immense certitude l'habite comme Vermeer : dans un temps sans valeurs, il en est une, incorrup-

1. *Ibid.*, p. 459.

tible : la peinture. La toile, déployée, offre la béance d'une flaque blanche : pas d'or, pas de somptuosité, pas de textures précieuses... La main crevassée va tracer les contours de sa songerie macérée, inquiète. Le crépuscule de Rembrandt n'est pas né de cette promenade par les chemins et les ornières, les canaux qui s'anuitent : dans les rouges, les taches brun et or, il instruit la furtive révélation du mystère. « Dans le soir où dessine encore Rembrandt, toutes les Ombres illustres, et celles des dessinateurs des cavernes, suivent du regard la main hésitante qui prépare leur nouvelle survie ou leur nouveau sommeil [1]... »

Au terme de la longue réflexion esthétique de Malraux — une réflexion qui embrasse tous les siècles, tous les genres, tous les continents et qui n'aspire qu'à exposer dans une châsse au cœur du Musée imaginaire le *mystère de l'acte de créer* —, l'homme devenu démiurge cohabite avec les Ombres endormies qu'il peut réincarner ou frapper de transparence. Et le fleuve des génies gronde, tumultueux, souterrain. On s'enfonce dans le crépuscule. Dispersées dans l'atelier, les dépouilles fantomatiques scrutent le trajet frissonnant qui leur donnera vie ou mort. La création artistique entendue par Malraux est convivialité, table de chevalerie, messe noire. L'angoisse sourd des forêts les plus primitives, les plus chargées d'archaïsme, de visions rugueuses, d'espèces soumises, de violence sanguinaire. Fraternité crépusculaire, fraternité d'automne, l'acte créateur dans le battement de la nuit qui s'essouffle derrière la croisée. Mûrissement de sorbiers, de pâleurs millénaires. Veillée funèbre et nuit d'enfantement. Nativité et dormition. On songe à la ténèbre griffée d'étoiles

1. *Ibid.*, p. 640.

rédemptrices, à la thuriféraire avancée des Mages. Une fois de plus, Malraux éblouit, fascine. L'atelier bruisse de ces frôlements d'ombres : est-ce les masques de Mycènes sous lesquels on chercha quelques éclats d'une poussière de beauté qui cliquettent dans la pénombre ? Est-ce la pulsation assourdie des caveaux de l'immémorial qui résonne dans leurs galeries, leurs crevasses ?

« C'est nous, et non la postérité, qui révélons le trésor des siècles, depuis que la création est devenue pour nos artistes une valeur suprême ; nous qui arrachons au passé de la mort le passé vivant du musée [1]. »

Sans doute la mort de Malraux dans cet hôpital écorché de carreaux blancs et de civières d'inconscience rassembla-t-elle les génies de tous les siècles, consacrant cette fraternité si puissante dont l'écrivain avait fait la raison de sa vie... L'immense rituel de la démiurgie convoque pour sa célébration les créateurs de tous les temps : l'homme maîtrise l'Histoire, le présent et les forces cosmiques au point de bris du destin. Il sonde l'infini, l'inépuisable mouvement des telluries profondes. Il est croissance, angoisse de la flamme, vertige d'une millénaire main. Sous ses yeux, sous la puissance de son geste magnétique, le monde s'étire, s'arrache à son sommeil... L'acte créateur apparaît comme une requalification de l'espèce, délivrée de la tutelle des nébuleuses, riche du talisman qui lui assure un universel rayonnement. Grâce à lui, l'existence, l'aventure humaine ne sont plus soumises aux manigances divines, sans cesse menacées du spectre du déchirement, de l'errance et de la perte. L'*Homo creator* a terrassé l'*Homo absurdus*, insigne jouet des dieux. Il est raccordé au som-

1. *Ibid.*, p. 631.

meil de l'humanité et à la flamboyante précarité de l'univers :

« Et, de jour perdu en jour perdu, m'obsède davantage le mystère qui n'oppose pas, comme l'affirmait Walter, mais relie par un chemin effacé la part informe de mes compagnons aux chants qui tiennent devant l'éternité du ciel nocturne, à la noblesse que les hommes ignorent en eux — à la part victorieuse du seul animal qui sache qu'il doit mourir [1]. »

Voici fondée la grandeur humaine « accotée au cosmos comme une pierre ». Esthétique et éthique [2] réunies en un symbole de rédemption : l'homme sauve l'homme et l'existence surgit, lavée de toute souillure. Chose nouvelle, révolutionnaire même dans l'histoire de la littérature et de l'art, dormir le monde, non pas somme de connaissances mais héritage de grandeur, insuffle toute son énergie à une *requalification de l'homme*, en un syncrétisme de l'essentiel. Et la fraternité des génies apaise, guérit, relie à la procession continue de l'Histoire : « À la petite plume de Klee, au bleu des raisins de Braque, répond du fond des empires le chuchotement des statues qui chantaient au lever du soleil. *Toujours enrobé d'histoire, mais semblable à lui-même depuis Sumer jusqu'à l'école de Paris, l'acte créateur maintient au long des siècles une reconquête aussi vieille que l'homme* [3]. »

1. *Les Noyers de l'Altenburg*, p. 250.

2. Il doit y avoir dans ce chapitre quelque réminiscence de pages écrites dans la passion d'une découverte au cours d'un été breton comme celui-ci, dans ce même bureau de Beg-Meil, en 1980...

3. *Les Voix du silence*, p. 637. C'est nous qui soulignons.

IX

RUE DE VALOIS

Quand, au début de 1959, il s'installe dans ce beau bureau lambrissé dont la terrasse domine les jardins du Palais-Royal, avec un titre qu'il est le premier à porter — ministre d'Etat, chargé des Affaires culturelles, premier des ministres, ce qui, au Conseil, lui permet de s'asseoir à la droite du président de Gaulle —, Malraux vient d'avoir cinquante-sept ans. Il ne trahit rien ni personne : il y a longtemps qu'il est passé sur l'autre rive en explorant la Bibliothèque des formes. L'aventure, l'action, les royaumes, les romans sont des mues que l'inventeur migrant a déposées, comme des offrandes à l'esprit et à cette part toujours victorieuse de l'homme qu'est la création, dans la forteresse de l'Altenburg. Il est ministre, il l'a déjà été, plus jeune encore, à la Libération. Ministre nommé par le seul vouloir du chef de l'Etat — et jamais il ne condescendra à aller quémander les suffrages de quelque circonscription —, *écrivain-ministre*. Dans l'histoire récente de la République, je ne vois d'autre exemple que celui de Maurice Druon. Au nom de ce pacte, de cette fascination réciproque qui les lie, de Gaulle a nommé près de lui, à cette charge des Affaires culturelles — et j'aime la dénomination du portefeuille car c'est bien d'affaires culturelles et d'instruction publique que doit s'occuper un

Etat, et pas de culture ni d'éducation, lesquelles relèvent de la seule sphère privée... — son ami génial, « fervent des hautes destinées », celui dont la présence le couvre du « terre à terre ». Et on devine vite ce que signifie l'appartenance d'un écrivain comme celui-là à un gouvernement... Il ne sort pas d'une grande école, il est autodidacte, ce n'est pas un homme d'officine... Il a inventé des royaumes, écrit des romans, voyagé, servi son pays et celui qui l'a sauvé, lu, contemplé des milliers et des milliers d'œuvres, parcouru les salles sans limites du Musée imaginaire. Il ne ressemble à aucun de ces hommes qui chaque mercredi s'asseoient à la table du Conseil des ministres. Et de Gaulle a tenu à ce que soit reconnue et inscrite cette différence — cette prééminence. Au moment où il s'agit de refonder l'Etat, de promouvoir l'industrialisation de la France, ce qui sera la mission de Georges Pompidou, au moment aussi de liquider l'affaire coloniale, toutes questions qui sont évoquées chaque semaine dans cette pièce d'angle de l'Élysée dont les fenêtres surplombent la verrière du jardin d'hiver, en présence de Malraux, de Gaulle a symboliquement donné la première place au gardien des arts, du verbe et de l'esprit. Symboliquement : pas comme un accessoire. Gouverner est affaire de symboles, et les grandes liturgies du Louvre et du Panthéon sur lesquelles veillera Malraux en sont la preuve. Gouverner symboliquement, c'est savoir dépasser le socle des *realia* qui est l'ossature de toute action publique pour retrouver un peu de ce qui dépasse et illumine la stricte gestion du réel. De Gaulle a son mythe. La République nouvelle porte encore l'auréole de sa jeunesse trempée dans le vif de l'événement. Pas de gouvernement sans sacré, sans souci du Grand Temps, semble dire de Gaulle en confiant à Malraux une charge qui est à inventer. D'ailleurs, plus qu'une charge qu'il lui confie, c'est une prééminence qu'il lui reconnaît, et cette prééminence c'est celle de l'audace, de l'originalité inclassable — le reflet de toutes les aventures et de toutes les transgressions du siècle.

*

Il prend possession des lieux qui seront les siens pendant dix ans. Il ne les quittera que lorsque les Français auront rejeté de Gaulle sur les grèves d'Irlande comme un vieux totem archaïque. Sa mission aura cours tant que durera le principat de celui qui l'a nommé. Et qu'il a choisi. On dit que les lieux du pouvoir exercent sur tout nouveau nommé comme une griserie. Plus tard il aimera les escortes de motards, le faste des cérémonies de la République, les défilés, les dîners d'apparat à Versailles, la conduite plus que rapide de son chauffeur qui le reconduit au pavillon de la Lanterne. Et les huissiers, la componction des visiteurs, le grand escalier de la rue de Valois, le regard des femmes qui s'éclaire, la déférence que l'on doit au ministre. Il n'est pas dupe du protocole, de cette courtoisie de commande. Elle est simplement inévitable... Pour l'heure, il s'enferme dans son bureau. Il a demandé qu'on le laisse seul. Veut-il contempler en paix son nouveau décor, ces boiseries lumineuses, ce vaste bureau blanc et or qui ouvre sur la terrasse, et les emblèmes de tout homme de pouvoir : la table Louis XVI, les lourds fauteuils Empire dans lesquels s'enfoncent les visiteurs, le lustre avec ses sphinges et la lampe-bouillotte de Napoléon laissée là par Jérôme Bonaparte ? L'aventurier sacrilège de la Voie royale, l'aviateur-guerrier de Teruel est ici chez lui. Dans ces lieux qui ne portent pas son empreinte et qui sont comme la resserre d'un théâtre ou d'un musée. Il faudrait peut-être une tête khmère sur la cheminée, un tableau des collections nationales, et des fleurs, oui des fleurs, sur la table et sur la console derrière le bureau, entre les portes.

En ce moment, seule l'occupe la rédaction du décret constitutif de son ministère. Il n'en confiera l'écriture à personne. Ministre d'Etat, chargé des Affaires culturelles, il lui revient de cerner le champ de son action, comme naguère au combat. « Rendre accessibles les œuvres capitales de l'humanité, et d'abord de la France, au plus grand nombre possible de Français, assurer la plus vaste audience à notre patrimoine culturel et favoriser la création des œuvres de l'art et de l'esprit qui l'enrichissent. » Trois axes que tracent les infinitifs prescriptifs, trois axes qui seront les linéaments de son action pendant dix ans : la diffusion, la conservation, la création.

Sa fonction sera à son image : protéiforme. Certes, il est le ministre des arts, et c'est à ce titre qu'il confie l'Odéon à Jean-Louis Barrault, dirige la restauration du Trianon et la rénovation des monuments de Paris, fait classer le cœur historique de certaines villes, défend Genet contre la bêtise des godillots gaullistes et donne à Chagall la décoration du plafond de l'Opéra. Il est sur l'Acropole, au Japon, avec les Kennedy pour le voyage outre-Atlantique de *La Joconde*. La puissance oraculaire de son verbe, son sens inné de la théâtralité, son goût des mises en scène vont faire de lui ce que l'on retiendra surtout : le grand prêtre de la République, le grand psychopompe. Et lui qu'on avait vu pendant la *traversée du désert* s'agiter sur les estrades et aux tribunes du R.P.F., on l'aperçoit désormais dans les colonnades sacrées, sur les places minérales que balaie un vent de givre, dans les cours royales sous un ciel de tourmente, et toujours au pied de catafalques, dans les drapés funèbres d'une République hantée par ses morts.

C'est Jean Moulin, c'est Braque, c'est Le Corbusier, le sacrifice, l'art, la grande tradition de la France honorant ceux qui la firent. Il s'empare de ce rôle et de cette partition qu'il avait déjà essayée dans sa version *Voix du silence*. Etre un Bossuet moderne, lancer des périodes qui convoquent les ténèbres et l'Histoire au-dessus des cercueils et des urnes, avec cette emphase, cette gesticulation de passeur noir, manteau sombre, garde républicaine en tenue de fête, rideaux, glands, soieries de deuil... Et sentir derrière soi, alors que prolifèrent les métaphores de la nuit et de la convivialité des ombres, la haute solidarité d'une nécropole que ne souilleront jamais les pas des gardes, des fossoyeurs, des visiteurs : la Bibliothèque des formes. La rhétorique des discours officiels est chose délicate : le ridicule guette au détour de chaque phrase. De Gaulle a son registre que valide sa mythologie. Malraux son passé de compagnon de la mort et d'orateur des cendres.

Et l'on dirait que la posture du druide veillant au seuil des eaux d'Avalon modèle peu à peu son être, l'emportant sur tout autre chose, réduisant la marge ludique du *farfelu*. Cinéma ou sacerdoce ? Les détracteurs n'hésiteront pas. A leurs yeux, il ne s'agit même pas d'un virage à 180 degrés, mais d'un reniement, d'une pétrification grotesque. Comme si Malraux singeait Malraux, inexorablement attiré par un surcroît de décorum et d'emphase, Chateaubriand funèbre et exalté que les douves de Vincennes n'auraient jamais séparé de l'Empereur, commis aux restes d'importance et aux commémorations, portier de requiem. Ce qu'il y a de pacte, d'engagement intime, d'adhésion aux rites célébrés ne saute pas forcément aux yeux de *laïcs* portés à la raillerie. Et l'amidon des draperies et l'apprêt des formules peuvent prêter à rire... Serait-ce que l'époque est, déjà, en train de perdre le sens des rituélies qui exhaussent l'ordinaire, les *moments nuls*, vers les marches du

Grand Temps ? Malraux n'en a cure. Et la vie ministérielle est un continuum d'activités et d'obligations, de cérémonies et de voyages. Car il n'est pas simplement ministre des arts, restaurateur de Paris et des monuments, druide et mécène, il est très souvent l'ambassadeur personnel du Général. Le Japon, l'Inde, la Chine, le dieu vivant, Nehru, et Mao qui le fascine vraiment. Et là encore ce sont les protocoles, les réceptions, les mondanités, les paroles officielles, cette griserie que l'on éprouve à représenter le roi, au nom de la France. Cette griserie quc l'on ressent encore au Conseil des ministres, dût-on endurer des communications arides et vaines, à l'Assemblée lorsque le débat s'encombre de chiffres et de données techniques, les soirs de gala lorsque l'on porte habit et décorations, à l'Opéra, dans la salle des fêtes de l'Elysée sous les dorures d'une autre République, et à Versailles, dans la galerie des Glaces toute frémissante des reflets des torchères, au Trianon, partout où les poses que l'on adopte, les mots que l'on prononce, les égards que l'on manifeste sont ceux de la France — et ceux de tous les princes qui dorment à cette heure dans des caveaux souvent saccagés. Ivresse à voyager, à traverser Paris dans un sillage de motards, à converser avec Chagall, Masson, Nehru, Mao, Saint-John Perse et la Callas... Ivresse de voir les façades de Paris qui s'éclaircissent, ivresse enfin de porter le rêve d'une culture qui serait accessible au plus grand nombre, de le porter et de l'incarner...

Il y a dans ce métier de ministre une énorme part de contrainte, de temps dévoré, de défiances et de critiques à supporter. Et ces défiances ou ces critiques, ce sont les visiteurs qui viennent s'asseoir dans les fauteuils du roi Jérôme qui les lui renvoient. Il sait qu'on voit en lui un esthète qui s'amuse, un publiciste de la grandeur, un baladin qui promène ses caprices, un guide officiel de Versailles pour altesse de passage. Le tourbillon des événements est tel que ces critiques n'ont pas de prise. Il ne rêve plus qu'à ces maisons de la culture qui seraient les cathédrales du XXIe siècle. Il se perd un peu dans ces voyages, le nomadisme de tous ces visages. Quelquefois le soir, après le départ du dernier visiteur, lorsqu'il considère la montagne de documents qu'il lui reste à parapher, une certaine lassitude l'empoigne. Et cette lassitude, il lui semble qu'elle atteint aussi le roi de l'Elysée. La châsse du roi Jérôme et celle de l'impératrice Eugénie sont deux tabernacles de mélancolie. Un deuxième septennat... Il faudrait tenir jusqu'en 1972... Le passage d'un visiteur qui parle d'art et d'Afrique, d'un peintre, d'un écrivain ravive en lui une blessure. Ecrire, agir... Sous ces lambris, dans ce beau reliquaire de lambris et de miroirs, c'est d'une autre forme d'action qu'il s'agit, d'une impulsion qui s'égare ensuite dans un dédale de bureaux et d'intermédiaires. Orchestre invisible. Il n'y aurait pas ce pacte, ce lien qui l'attache à la sentinelle roide du salon doré, il partirait. Mais il lui suffit d'aller jusqu'au palais, de contempler le globe terrestre qui habite la songerie du Général, il lui suffit de retrouver *sa* Lanterne, son jardin, ses chats pour qu'il se dise qu'il restera — pour ne pas briser un équilibre, un accord aux mille résonances...

Et Gauguin, Rimbaud, Van Gogh et Nietzsche, depuis leur enfer de la Bibliothèque des formes, comment regardent-ils ce pantin fou de poses et d'honneurs ?

*

La griserie des lieux du pouvoir s'émousse. Et la fatigue de l'homme intime perce soudain. Sous la diversité des activités ministérielles, sous le poudroiement des postures obligées, couvent le deuil et la douleur. Malraux ne s'est jamais vraiment remis de la disparition de ses fils, tués dans un accident de la route au printemps de 1961. C'est la deuxième mort de Josette Clotis. Deux adolescents jetés au néant. On comprend peut-être mieux ainsi cette obsession et cette vénération de la tombe. Les ors, les soieries, les cristaux, les miroirs et le luxe des réceptions sont une *maya* qui ne voilera jamais la fosse. Le deuil et l'angoisse le taraudent. Au crépuscule, la gravitation des ombres s'avive. Elles sont là, dans le puits de la colonnade obscure du Palais-Royal, elles sont là dans la prairie de l'Elysée, auprès de la pièce d'eau où glissent les cygnes. Démissionner ? Partir ? Malraux se ferme. La compagnie de Madeleine lui devient intolérable. Comme s'il voulait méditer, seul, sans témoins, sans présence, sans regard. La part brumeuse du monde l'appelle de nouveau. Passer des heures auprès des masques, des fétiches, de quelques œuvres que l'on vénère dans la solitude de la rue de Valois ou de la Lanterne, contempler cette maîtrise, cette domination. L'action ministérielle n'est plus un dérivatif assez puissant face à cette lente érosion de la mort. Elle cogne, elle fauche, et son onde demeure des années, un suspens, une calcination.

Des heures il fixe la mort, songeant à ce carré de terre du cimetière de Charonne où les deux fils ont rejoint leur mère. Et des images reviennent le hanter : le maquillage de Josette, leur maison de Saint-Chamant et la tour où il écrivait sur Lawrence et sur l'art, ce crâne de cristal aztèque qui ne quitte plus sa rêverie. Des gestes incohérents, une élocution qui se précipite, et l'alcool. Comme ce compagnon de la transe et des offices de la mémoire et du deuil. Il est le seul qui atténue la douleur, procure même une sorte de joie ou de délivrance lorsque la voiture roule vite vers Versailles, libère des concrétions ou des constellations d'images, d'hallucinations, pierreries, prunelles d'obsidienne, cavités de silex noir, orbites de givre... Le whisky crépusculaire transforme le bureau du roi Jérôme en un caisson de miroirs et d'anamorphoses, les glaïeuls de la console se dressent comme des fleurs maléfiques. Des cris d'enfants montent du jardin, des cris qui ricochent contre les glaces... Il faudrait des linges, des drapés noirs pour voiler ces cris. A la Lanterne, c'est la même chose : des corbeaux du Japon hurlent sans fin dans les arbres du parc, le crin des fétiches semble pris de convulsions et le *Voltaire jeune* prêté par le musée de Versailles a l'allure d'un futur gisant d'argile.

Partir. Quitter Paris, le ministère et ce cortège d'obsessions, tenter de renaître de cette fatigue dépressive. Ce sera le voyage providentiel de l'été 1965 : Canton, Pékin, Delhi, Bénarès. Une mission diplomatique en Asie au nom du Général. Mao, les eaux du Gange. La fascination des révolutionnaires et la fréquentation des grands du siècle. Il renaît. Et sur le bateau qui l'emmène, il s'est remis à écrire. Il s'est délivré de la hantise d'une vie saignante et vaine. Il renoue avec son passé, avec ses écrits, avec l'écrivain que les travaux sur l'art avaient d'une certaine façon desséché. Il retrouve les miroitements et les séductions de la prose, les emboîtements et les polyphonies de la mémoire, il retrouve l'ailleurs, l'Histoire, toute une rumeur de figures et de faits, et la seule perspective qui vaille pour quelqu'un qui a si longtemps cru à la puissance des mots : l'architecture d'un livre.

Une fois encore, une fois qu'il ne soupçonnait plus, il

s'embarque dans l'aventure d'un texte, consulte et pille *Les Noyers de l'Altenburg*, écrit, rature, mélange, *raconte*. Ce sont des stratifications, des échos, des affleurements du souvenir, la remontée d'une langue qui n'est pas seulement celle des incantations publiques, mais qui est tout entière mêlée à l'être, et qui est sa vérité et son cheminement. On n'y livrera rien de vraiment intime, rien du lacet des blessures et des deuils, refus de l'écrivain qui s'abandonne au flux d'une confession que domine l'anecdotique, refus de ce qui n'est pas lutte, maîtrise, possession. C'est bien l'image d'un combat, une colonne de réminiscences faussement désordonnées, mémoires dressés, jetés *contre*. Contre la mort, contre les modèles canoniques — contre la voracité gloutonne de l'argile...

Tout est soudain supportable. La lumière sur les pierres et les balustrades du Palais-Royal, cette lumière qui vient dorer les boiseries, la table Louis XVI, la lampe de Napoléon. Il devine que le livre aura des proportions importantes. Et déjà il entrevoit une suite. Il irait presque donner sa démission à l'Elysée pour pouvoir profiter d'une solitude lumineuse à la Lanterne, écrire près du tableau de Braque à la barque échouée, près du masque de Sanga coiffé de sa crinière de fibres tressées. Le désert et la profondeur d'une étrange autobiographie. Est-ce l'Asie, est-ce le livre ? Il se sent mieux, toujours intéressé par les Affaires culturelles, mais requis, travaillé par une obsession majeure qu'il s'en voudrait presque d'avoir un jour délaissée : l'écriture. Bien avant 1958. Bien avant son installation en ces lieux. Bien avant le pouvoir. Comme s'il avait perdu de sa sève et de sa richesse ondoyante dans la Bibliothèque des formes.

Il fait sonner son chauffeur pour qu'il le conduise à

l'Elysée. Toujours cette même lumière dorée de septembre sur la roseraie et la grande pelouse. Le Général veut marcher jusqu'au bassin. Malraux est volubile, en grande forme. Et le Général ne se lasse pas de l'entendre parler des grottes bouddhiques de Loung Men, des métamorphoses du monde, des flottes de dieux de bois qui descendront un jour le Gange. Et de Mao.

« Aucun homme n'aura si puissamment secoué le monde depuis Lénine... »

Le Général reste silencieux. Les cygnes dérivent sur la pièce d'eau. On aimerait une perspective, des lointains, mais le regard bute vite sur la grille du Coq.

« Il vous aurait fallu le Trianon ou les Invalides, dit Malraux.

— Peut-être. Mais tout cela était temporaire. Et c'est bientôt fini...

— Mais vous allez vous représenter ?

— Est-ce souhaitable ? Et l'écriture... »

Ils remontent vers la roseraie, passent non loin du salon d'argent que de Gaulle déteste. Ils vont s'asseoir dans la bibliothèque d'acajou de Napoléon III. Le thé et le whisky les attendent près du feu.

« Puis-je compter sur vous si je me représente ?

— Bien sûr, mon général, vous le savez bien. Votre candidature est la seule qui puisse empêcher le retour des politiciens... »

Il croit se souvenir que c'est ce jour-là qu'il a confié à de Gaulle le titre de son ouvrage : *Antimémoires*. Il va repartir pour une nouvelle aventure. Sa fidélité à de Gaulle l'emporte sur toute autre tentation, fût-ce son travail littéraire. Sa nostalgie de l'action, de l'empoignade avec le réel, s'est assourdie. Il songe à cette envie de reprendre ses mémoires évoquée un instant par le Général, à ces livres qui ne se font plus à cause du pouvoir, à cet éloignement de l'écriture qui l'a plongé si bas dans la dépression. De Gaulle sera une figure du livre qu'il prépare, et pour la première fois il perçoit dans leur pacte une sorte de gémellité. Gémellité de leurs bureaux, de leurs décors Empire, de leurs parcours. Mais il semblerait que le Général ait encore des velléités de *faire l'Histoire*. Malraux rêve de réclusion, d'un *laboratoire central*, comme celui d'Apollinaire, avec des fétiches, des masques, les intercesseurs d'une nuit de foudre. Il continue, sans entrain. Il est clair pour lui qu'il quittera la rue de Valois dès que le Connétable ne régnera plus sur la République qu'il a fondée. Et dans cette partition, il reste l'élément — le vestige — d'un accord mystérieux.

X

LA NUIT VÉDIQUE

Il est exceptionnel ce ministre d'Etat, chargé des Affaires culturelles. On dirait même que la fonction n'a pas été taillée pour lui mais transférée d'un autre siècle. L'Etat d'abord, les affaires de l'art et de l'esprit ensuite, quant à la culture... Pour l'Etat, elle est un idéal ou une utopie, elle ne regarde que le secret des sphères intimes. Malraux racontera à Nehru qu'il avait obtenu un petit succès au Conseil des ministres, en affirmant qu'il était le seul ministre qui sût qu'il ignorait ce qu'était la culture. Boutade sans doute, mais respect de ce mystère et de ce devenir qui concernent le questionnement privé et l'élévation des personnes. La culture, pour de Gaulle et Malraux, ne sera jamais un rêve consumériste, un gavage imposé, ou, plus insidieux, des choix que l'on édicte. Il y aura dans cette entreprise à la fois la vieille tradition de l'Etat mécène et le désir de diffusion et d'ouverture au plus grand nombre né sous le Front populaire. Il y aura surtout la personnalité de Malraux, esthète, écrivain, historien de l'aventure démiurgique : connaisseur, praticien, *mystique* de l'art.

On est loin, on le voit, des rigidités bureaucratiques ou des agitations d'histrion clinquant qui suivront. Et ce qui hante l'écrivain devenu ministre, plus encore que le souvenir de sa propre pratique et des interrogations qu'elle soulevait, c'est cette perception quasi religieuse de l'épopée des formes et des œuvres de l'esprit. Malraux a identifié le fleuve souterrain, véritable flux de métamorphoses, qui traverse le tuf de la Bibliothèque des formes, il a mis en lumière ce *non* infrangible qu'oppose l'art aux assauts du destin, et cette dimension sacrée des divagations et des cristallisations de l'art, sans qu'il soit possible de nommer la transcendance à laquelle elles s'adressent, ne saurait souffrir la moindre remise en cause. Dans les miroirs qui habillent certains des murs de son bureau du Palais-Royal, les jours de lassitude ou d'effervescence créatrice, Malraux devine des fumées, des brassées de fleurs, une procession de vagues dorées et de baigneurs rituels, des galeries qui s'enfoncent dans les parois de pierre. C'est l'horizon de son action, et la rive de sa mystique.

L'Inde. Les temples, les offrandes de fleurs, les psalmodies, les eaux sacrées. Une terre légendaire qui habite en permanence le rêve éveillé et la méditation de Malraux. Les flammes des bûchers, les traces du prince Siddhārtha. En 1958, Malraux va sur ce « Grand Canal funèbre et hanté [1] » qu'est le Gange. Un épervier suit son bateau. Sur les berges les feux toujours renouvelés des bûchers, et les piles du bois des crémations. L'explorateur des contrées d'Orient est ici chez lui. Il connaît ces lieux depuis 1929. « Les temples à demi recouverts par ses eaux s'enfonçaient un peu plus entre les barques ; des gosses en plongeaient comme autrefois. (...) Les femmes des barques jetaient au fleuve de la monnaie, des fleurs jaunes, des fleurs blanches. Des vaches regardaient par les fenêtres des

1. *Le Miroir des Limbes*, tome I, p. 214.

palais d'où montaient des cerfs-volants. La ville était toujours couleur de chanvre et de glaise[1]... »

Comme les eaux qui sanctifient la bouche entrouverte des morts. La foule remonte du fleuve et psalmodie les noms du Dieu suprême. C'est la chaîne des transmigrations, le cortège des bûchers magnifiques. Et ces corps que l'on brûle ne font jamais qu'abandonner une défroque pour entrer dans la vie qui continue. Celui qui a voué des heures de son existence à la contemplation des œuvres de l'humanité éprouve au bord du fleuve mystique comme un frisson, quelque chose qui l'empoigne comme une révélation. Et cette révélation connaît deux expressions privilégiées : l'agonie et le crépuscule. Ce qui explique cette attirance de Malraux pour la *nuit védique*. La nuit védique auprès des eaux sacrées. Il revient, seul, par le dédale des ruelles qui descendent vers le fleuve. C'est une attraction plus forte que tout, la voix du Gange, les mélopées de ceux qui psalmodient, l'arôme des brasiers, la route des transmigrations et des flots éternels, un chemin d'eau dont l'estuaire serait la source, une présence qui subjugue l'Occidental et le purifie de ses entraves et de ses miasmes, ministre, errant, nomade, monade des dits immortels du fleuve, *chair traversière* appelée à la crémation, à la dissolution dans les flammes des rives :

« Au-dessous de moi, un corps qui crépitait au centre d'un cercle d'hommes immobiles et silencieux faisait rayonner leurs ombres comme une roue de la Loi. On entendait encore le psalmodiant :

... Et je suis la Mort de tout,
et je suis la Naissance de tout,
La parole et la mémoire,
la constance et la miséricorde,
Et le silence des choses secrètes...

1. *Ibid.*

« Je pensais à l'anneau de noix mortes, là-bas, en Alsace, autour d'un tronc noueux — comme cet anneau de vivants autour d'un corps qui semblait brûler à regret. "Entre les fleuves, je suis le Gange..." Les flots invisibles entraînaient quelques reflets bleus et rouges dans la nuit [1]. »

C'est une plongée, une initiation dans la nuit védique. Voyage à travers les arbres mythiques, la pullulation divine, les bêtes, les enfants, les lépreux, les vieillards. Voyage vers la révélation de la vie sur une terre qui ne croit pas à la vie. Un touriste ordinaire, fût-il ministre, irait dans le seul chatoiement des couleurs et des formes. Malraux ne manque rien du chatoiement des images, des sollicitations qui l'assaillent, mais il est ailleurs, comme s'il continuait de voguer en prière sur les eaux limoneuses du Gange... Il entre dans le temple de Madura : il croit pénétrer dans un « Angkor barbare », un brahmane lui marque le front de poudre carmin, et il s'avance entre les bassins d'écume verte, les guirlandes et les tombereaux de fleurs... « Je cheminais à travers les galeries sans fin d'une cathédrale sans nef, dont les neuf tours surgissaient inopinément, criblées d'hirondelles sous le vol solennel des aigles. Cette architecture gouvernée avec tant de rigueur, et dont les plans avaient été fixés par les géomanciens, semblait un chaos épique : sur ses tours, dans les cavernes de ses galeries, les statues n'avaient pas plus d'importance que les promeneurs [2]. »

Malraux poursuit sa progression vers le secret de l'univers. Il est le pèlerin de la nuit védique. Dans le sanctuaire,

1. *Ibid.*, p. 220.
2. *Ibid.*, p. 222.

auquel seuls accèdent les brahmanes, veille la Déesse-aux-yeux-de-poisson. Comme à Bénarès, il a tenu à revenir la nuit. Il lui semble que le temple devient plus fantastique et moins sacré. Des hommes prient devant la statue de Çiva. C'est l'heure de l'union de Çiva et de Pārvatī. L'heure où les brahmanes portent Çiva sur un palanquin. Rituel étrange, dans un concert d'animaux qui fuient. Des chauves-souris s'envolent. Les lingams se dressent comme des phallus lumineux. Et le silence et la coupole cosmique viennent consacrer l'union des dieux...

Le pérégrin continue son voyage d'initiation védique. Et il égrène ces noms de temples et de sanctuaires qui le subjuguent, ces noms d'encens, d'eaux rituelles, de fleurs et de pierres mystiques, ces noms ajourés de veilleuses, de lingams et de chauves-souris. Ce ne sont pas les noms du petit train de 1 h 22. Ce sont les noms du grand pèlerinage : Bénarès, Madura, Ellora, Elephanta, pas magnétiques de Çiva, grottes, enceintes magiques, lieux de mue, de perte, de dépaysement et d'illumination. Jusqu'à ce foyer qui auréole la nuit védique, le frisson d'une certitude qui embrase celui qui a laissé sur les rives de Bénarès ce qui lui restait d'entraves occidentales. Pas d'initiation sans galeries, sans conduites pierreuses qui s'enfoncent dans le mystère d'une paroi. Et c'est Ellora, avec son « hasard géologique de chaos percé de trouées ». Et là encore le grand prêtre de la Bibliothèque des formes ne peut s'empêcher de s'arrêter devant « un combat de monstres à diadèmes et de dieux à tiares », incomparable manifestation de ce qu'il convient d'appeler une « statuaire gouvernée[1] ». C'est un sanctuaire plus onirique que tous les autres, le pérégrin védique aborde enfin à un territoire de formes plus fortes que la prière, « c'est le domaine immé-

1. *Ibid.*, p. 226.

morial des archétypes et des grands symboles[1] », on est à la fois dans l'art et la montagne, le divin et l'immémoriale procession des images fondatrices. Le pèlerin des grottes vacille soudain, au bord d'une révélation maintes fois éprouvée au cours des explorations de la Bibliothèque des formes, une révélation toujours aussi poignante qui pourrait être le *credo* de l'esthète et du ministre :

« (...) la danse de Çiva que je regarde passe pour être celle de l'Essence au moment où la mort la délivre du corps, de l'esprit et de l'âme. Et cette danse, même au musée, n'appartiendrait pas au seul monde de l'art ; *sa perfection, ici, n'est pas d'ordre artistique, mais de l'ordre énigmatiquement convaincant du mythe, du fauve, de l'orchidée*. Œuvre des dieux. *Nulle part je n'avais éprouvé à ce point combien tout art sacré suppose que ceux auxquels il s'adresse tiennent pour assurée l'existence d'un secret du monde, que l'art transmet sans le dévoiler, et auquel il les fait participer.* J'étais dans le jardin nocturne des grands rêves de l'Inde[2]. »

Il peut marcher à présent vers le temple du Mahalinga, l'un des huit lingams essentiels de l'Inde, celui qui connaît la révélation opaque et tacite de toute œuvre religieuse et sa portée médiatrice. Forme qui n'est plus seulement maîtrise de la nature, mais jeu de lignes votives, foyer de sentes qui désignent une source qu'elles ne possèdent pas. Ellora et le Gange sont les voies secrètes et enfouies de la Bibliothèque des formes, la vraie source souterraine, celle qui « déploie plus largement les ailes nocturnes de l'homme », l'« Ancien Orient de notre âme[3] ». Il est arrivé au secret de la nuit védique, le pérégrin fasciné, il est allé

1. *Ibid.*, p. 227.
2. *Ibid.* C'est nous qui soulignons.
3. *Ibid.*, p. 235.

avec cette impression de gravir une montagne sacrée dont la cime recule toujours... Il sait que le « seul dieu antique dont le langage soit digne de l'Inde, c'est le dieu sans temples : le Destin[1] ». C'est le cheminement vers la Déité suprême, et l'Inde enseigne que chacun va à Dieu à travers ses propres dieux. Sur cette voie les dieux ne sont que des moyens différents de l'atteindre. Les temples et leurs noms de flamme et d'orchidée sont peut-être des moyens plus sûrs. L'inventeur de royaumes va désormais, fort d'une révélation : il connaît les eaux rituelles sur lesquelles glisse la Bibliothèque des formes — et le *lingam* qui l'arrime.

Plus tard, un dîner à l'ambassade de France, avec Nehru. 1958, Malraux est déjà ministre, mais pas encore des Affaires culturelles. La création de ce ministère est imminente. Après le dîner, Nehru, Malraux et l'ambassadeur s'installent sous un tapis d'Ispahan pendu au mur. Les paroles que rapporte l'autobiographe des *Antimémoires* sonnent après coup comme la définition de l'action du futur ministre du Palais-Royal :

« On peut enseigner la place de Beethoven dans l'histoire de la musique, on ne peut enseigner ni à l'aimer ni à le ressusciter. Faire aimer un chef-d'œuvre, c'est lui donner sa voix, le rendre présent[2]... »

« Je crois que l'interprétation d'Ellora consiste à faire comprendre que les sculptures d'Ellora n'imitent pas des créatures, ne se réfèrent pas au monde des créatures, mais à un autre : pour nous, celui de la sculpture ; pour l'Inde, sans doute celui du divin — et peut-être, pour tous, les deux à la fois[3]. »

1. *Ibid.*, p. 236.
2. *Ibid.*, p. 276.
3. *Ibid.*, p. 277.

La résurrection et la métamorphose s'imposent comme les figures dominantes de cette conversation-programme ; le ministre circonscrit le territoire de son action future, ce domaine de la culture qui est, pour lui, la vie de ce qui devrait appartenir à la mort. Résurrection, métamorphose, ce sont les mots d'un homme qui, au terme de ses déambulations et de ses pèlerinages dans la Bibliothèque des formes, parle en mystique. Et la conversation-programme continue de se dévider. Elle explore l'art, mais aussi l'imaginaire des masses occidentales, et va jusqu'à prendre en compte la dimension éthique et politique de la culture :

« L'art, ce sont les œuvres ressuscitées ; l'un des objets de la culture, c'est l'ensemble des résurrections. Permettez-moi pourtant une réserve capitale : le ressuscité n'est pas ce que fut le vivant. Il lui ressemble. C'est son frère. Les statues de vos grottes ou celles de nos cathédrales ne sont pas ce qu'elles ont été pour ceux qui les sculptaient (...). Ce qui est moins évident, c'est que la métamorphose, par laquelle nous atteignent les œuvres et l'esprit des civilisations mortes, n'est pas un accident, mais la loi même de la civilisation qui commence avec nous. Le passé du monde, ce sont les cultures différentes de la nôtre, et d'ailleurs hétérogènes. Elles s'unissent pour la première fois dans la nôtre, et par leur métamorphose[1]. »

Remarquable prescience également du contexte socio-économique dans lequel s'inscrit la diffusion des œuvres de la culture :

« Il semble qu'un cycle du sang, du sexe, de la sentimentalité, de la politique ou de la mort, succède à un cycle de la Table ronde ou des Mille et Une Nuits. (...) l'imagi-

1. *Ibid.*, p. 279.

naire occidental dont nous parlons n'a pas de cycles : il a des instincts. Les patrons des usines de rêves ne l'ignorent pas. Et ils ne sont pas sur la terre pour aider les hommes, mais pour gagner de l'argent[1]. »

Est-ce le pèlerinage aux sources de la Nuit védique qui donne au prochain — et premier — ministre des Affaires culturelles cette clairvoyance dans l'analyse de la situation et l'éthique de l'action ? Toujours est-il que, près de quarante ans après, ce propos conserve une formidable actualité. Et les « œuvres ressuscitées », dont un ministre des questions culturelles n'est jamais que le *passeur*, ont un rôle éminent à jouer si l'on veut contrer les puissances du sexe et de la mort. De nouveau, Malraux s'interroge : « Si les nations ne faisaient pas appel à ces œuvres, et par l'émotion, non par la seule connaissance, qu'arriverait-il ? *En cinquante ans, notre civilisation qui se veut, qui se croit, la civilisation de la science — et qui l'est — deviendrait l'une des civilisations les plus soumises aux instincts et aux rêves élémentaires que le monde ait connues. C'est par là, je crois, que le problème de la culture s'impose à nous*[2]. »

Dès 1958, avec une acuité dont ses successeurs feraient bien de s'inspirer, Malraux pose le problème capital de la définition, de la place, de la portée de la culture. Et c'est le substrat de sa réflexion et de son expérience qui lui permet de considérer la question sous l'angle éthique et politique. L'asservissement aux instincts et aux rêves élémentaires, il semble qu'on n'en soit pas très loin. Quant à l'exploitation mercantile des songes... Il réaffirme là une

1. *Ibid.*, p. 280.
2. *Ibid.*, pp. 280-281. C'est nous qui soulignons.

foi sans faille dans la vertu des œuvres fondatrices. Et au Premier ministre de l'Inde qui lui fait justement observer que les gouvernements occidentaux ont surtout considéré le problème de la culture en fonction des loisirs, il donne dans la version des *Antimémoires* une réponse qui contient le tuf et l'esprit de l'action d'un ministre des Affaires culturelles :

« Chez nous, le premier ministère des Sports et Loisirs a été créé par le Front populaire, il y a donc une vingtaine d'années. *Mais s'il n'y a pas de culture sans loisirs, il y a certainement des loisirs sans culture.* A commencer, précisément, par le sport. Néanmoins, à l'exception du sport et du jeu, *que veut dire occuper ses loisirs, sinon vivre dans l'imaginaire* ?

« Là, nos dieux sont morts, et nos démons bien vivants. *La culture ne peut évidemment pas remplacer les dieux, mais elle peut apporter l'héritage de la noblesse du monde*[1]... »

Conversation étrange, surréelle dans la nuit d'un palais du bout du monde, auprès d'un *gourou*, d'un homme surtout soucieux d'alphabétiser sa jeunesse et d'éradiquer la misère... Conversation retranscrite, modifiée, remplie des variations du souvenir et des caprices de la transposition mémorielle. Malraux, comme un chef de guerre, pense l'action : la fraternité avec le Front populaire, un temps de loisirs donné à tous, le rejet de l'imagerie et de la fausse culture capitaliste dans ce qu'elles ont de plus abject, le souci d'ouvrir au plus grand nombre les portes du Musée imaginaire, et ces mots que d'aucuns jugeraient sans doute archaïques, dépassés, ces mots qui cristallisent toute la

1. *Ibid.*, p. 281. C'est nous qui soulignons.

dimension mythique, et presque sacerdotale, du futur ministre d'Etat, ces mots et ces formules que devrait reprendre et méditer tout *locataire* de la rue de Valois : « cycle de la Table ronde et des Mille et Une Nuits », « œuvres ressuscitées », « vivre dans l'imaginaire », « héritage de la noblesse du monde »...

Idéal de preux et de chevalier, d'esthète et de croisé de la cause culturelle. Dix années durant, en résonance perpétuelle et indéfectible avec de Gaulle, Malraux fut rue de Valois ce chevalier et ce mystique, ce gardien généreux — et ce garant — des images immortelles. Son départ laisse un vide irréparable chez tous ceux qui, voulant s'opposer aux puissances du fric, du sexe et de la mort — ces agents de l'avilissement et de la vulgarité —, qu'ils soient artistes, enseignants, conservateurs de musée ou de bibliothèque, ou simplement *gens de culture*, ont à cœur d'être des initiateurs et des passeurs, afin de réparer cette injure et ce crime qui sont faits en permanence à l'esprit.

XI

RENDEZ-VOUS À COLOMBEY

Sur la route du Cerf, ce cerf blanc qu'apercevaient les rois au moment de disparaître, ou de l'Ange — l'ange de l'Histoire aux sceaux de plomb — doit passer le Grand Psychopompe. Il doit venir visiter le Général aux illusions mortes. Le rendez-vous est fixé au jeudi 11 décembre 1969, à Colombey. Car l'épopée gaullienne est finie. Le temps des acclamations, des vivats, des foules libérées. Le temps de la grandeur. Dix ans la France s'est reconnue en de Gaulle. Dix ans la magie a joué. Les référendums successifs étaient autant de pactes renoués. Quand on est de Gaulle, on ne gouverne qu'avec le sentiment de l'assentiment permanent du peuple. Il ne s'agit pas de s'enfermer le temps d'un bail légal dans la citadelle du faubourg Saint-Honoré. Sans cesse il faut prendre le pouls du peuple. L'Histoire, l'âme du vieux pays, le désir de la nation ont aux yeux de De Gaulle plus d'importance que les projets ou les avis des conseillers, des dignitaires, des chanoines prébendiers. Dès 1968, le fil s'est rompu. Cette fracture dans laquelle va s'effondrer de Gaulle marque la fin d'une époque, l'envahissement d'une modernité matérialiste et myope. Fini le temps des patriarches et des totems, des généraux de génie, des figures qu'auréolent les vitraux. En désavouant de Gaulle, la politique française tourne le dos au mythe. Ce qui, avec lui, était continental — de l'Atlantique à l'Oural ! —, épique, cosmique — cette saisie à la fois patriotique et planétaire de l'Histoire — s'embusquera désormais dans le secret des officines.

Ils furent deux exceptions du siècle. L'un, le Général gallican qui fit de la désobéissance une règle de conduite, est l'homme des foules levées, des parades, des allocutions lancées depuis la chaire cathodique, du triomphe et de la grandeur — mais aussi du retrait, de l'austérité, parc nocturne de l'Elysée, franges hercyniennes de Colombey, cette encre omniprésente du chagrin ; l'autre, ancien aventurier, pilleur de temples, résistant, serviteur fidèle de la cause gaulliste, vit entouré de femmes, de chats, de statues de l'Orient et de l'Egypte, il a le verbe pythique de ceux qui ont beaucoup lu, beaucoup écrit, beaucoup contemplé. Le second a indéfectiblement lié son destin au premier. Au point de calquer son parcours sur celui du Général. De Gaulle quitte le salon doré d'Eugénie, Malraux abandonne quelques semaines plus tard rue de Valois le bureau du roi Jérôme. Un pacte les lie, une fascination commune. Le souffle, la parole obscure de Malraux, la résurgence des écarts, des transgressions, des excès font de cette présence une sorte de passeur surnaturel. Il était le pilleur des temples de la Voie royale... Il était dans la tourmente espagnole, il était de l'aventure de la Résistance : colonel Berger. Quand de Gaulle loue aux Domaines le pavillon de Marly en 1946, le temps que soit restaurée la Boisserie, Malraux quitte les affaires et plonge dans le bain tumultueux des formes. Il écrit sur l'art : il tente de théoriser l'énigme démiurgique. Il vient de la gauche, d'autres horizons. Il connaît les femmes, l'opium, l'ivresse, les séductions de qui s'est toujours imposé par son lyrisme de mythomane. Sa vie, les bifurcations de sa vie le placent aux antipodes de De Gaulle. Le Général gallican connaît l'ascèse, la règle, la rectitude. Il a souscrit à un ensemble de valeurs dont il ne s'écarte guère. Malraux désire, aime, rompt, mais sa fidélité à de Gaulle est de l'ordre du pacte. La mort pourchasse Malraux. Auprès de De Gaulle, il va, auréolé de noir. Il est commis aux cendres, aux commémorations... Moulin, Braque... Au Conseil des ministres, au premier étage de l'Elysée, dans cette pièce d'angle qui fut la salle à manger des présidents de la précédente République, il assiste le Général. Toujours près de lui, au pied de l'estrade, dans la salle des fêtes, pendant les conférences de presse, sur l'estrade place de la République, en septembre 1958, le jour de la présentation des Tables du régime nouveau, dans la rue, sur les Champs-Élysées, pour le déferlement progaulliste de 1968... Ministre d'Etat, chargé des Affaires culturelles : esprit, grand druide, psychopompe du régime...

Comme il l'avait écrit dès *Les Noyers de l'Altenburg*, et ce de façon prémonitoire, il était sensible à la *légende* des chamans. Et ce n'était pas à la Résistance, à la République qu'il était lié, c'était au Général. La légende et l'épopée, il en connaît tous les moments, tous les éclats, tous les soubresauts. Et lorsqu'il vient ce jeudi 11 décembre 1969 à la Boisserie, c'est pour rendre visite au héraut d'une épopée accomplie. L'audace magnifique, insensée, du 18 juin 1940. Et la déception d'un référendum perdu. Sur des questions subalternes. Mais le fil était rompu, en ce siècle qui chavire, la puissance de la magie est épuisable, la nation a renvoyé le Général à la mise en ordre de ses souvenirs. Garnison Colombey, faction du front de l'Est, Général cartographe des houles et des crêtes.

Dans la neige qui commence à tomber, le Grand Psychopompe arrive. Il vient parler de l'Homme, de l'Action, de l'Art et de l'Histoire, de l'Orient toujours, de ces feux qui s'allument sur les rives du Gange, il vient honorer cette sentinelle sans avenir. Tout est derrière. Tout est fait. De Gaulle est déjà ailleurs. Il peut enfin connaître ce *temps de l'âme* qui avait manqué à Napoléon. L'épopée gaullienne est loin, soudain. Sa rhétorique, ses parades, ses postures, ses foucades et ses audaces semblent appartenir à une époque révolue. La sentinelle solitaire que contemple le Grand Psychopompe s'est engagée sur la voie du dépouillement et du passage. Alors que Poher s'installait à l'Elysée — pas dans le salon doré tout de même, dans la pièce voisine — et que la France se mettait en campagne pour élire Georges Pompidou, le Général est allé marcher le long des tourbières et des grèves d'Irlande ; à l'ambassade de Dublin, il a porté un toast en l'honneur de « l'Irlande tout entière ». Et il a retrouvé le goût d'écrire. Ecrire ? A quoi cela sert-il ? Se prémunir contre la meute... Les mots d'avant 1958, même s'ils fouillaient le labyrinthe de la guerre, avaient une puissance qui regardait devant. Il y avait cette République à faire. Ce régime à construire. Cette légende à parfaire.

Le Grand Psychopompe aime les temples, les sanctuaires, les hypogées, il va de toute éternité parmi les chats nyctalopes, les oiseaux intercesseurs, les dits et les signes de la vieille sagesse. Il a déchiffré les rouleaux des morts, les psalmodies de l'Inde éternelle. Comme à l'accoutumée il soliloque. C'est sa prière, son offrande. L'homme qui lui fait face — et qui retrouve parfois les gestes et la grandeur du roi de l'Elysée — est déjà sur l'autre rive. Il proclame qu'il n'a pas de successeur, il dit ne plus avoir pour ministres que les nuages, les arbres et des livres[1]. Intarissable chagrin de qui ne peut plus servir. Un écrivain saurait se satisfaire de cette absence qui gangrène ses mots. Mais s'il en a le style et parfois l'éclat, ontologiquement de Gaulle n'est pas écrivain. La parole du pouvoir est performative, réelle, elle prend corps dans l'action. La parole littéraire roule les astres morts de la nostalgie. Elle est le dit de l'absence et du manque. Jamais en prise sur les choses. De l'autre côté de la vitre. Comme le sourire gelé d'Anne, là-bas dans la terre du petit cimetière.

Dans la tour aux lierres qui domine la campagne enneigée, dans la bibliothèque, De Gaulle est seul à la tête d'une légion de réminiscences. Il voudrait redire la geste, en dessiner le cours. Le souffle brisé du Psychopompe émiette l'épopée. Il incante, fulmine, inapte à une mise en ordre processionnelle du récit. Il préfère parler du Gange, du Bouddha, de saint Bernard de Clairvaux. Seuls les fils de sa légende occupent le Général. « J'étais cet ordre, cette splendeur... Et je n'ai fait que servir la France, j'ai porté sa relique avec foi... »

Quelque chose est tombé. De Gaulle paraît soudain aussi anachronique que Chateaubriand. Comme si le sang de l'ampoule qu'il avait cachée à Londres et déposée ensuite sur l'autel de l'Elysée n'était plus qu'une poudre asséchée, comme s'il avait perdu sa constellation talismanique — l'assentiment du peuple. Déjà, les derniers temps

1. *Le Miroir des Limbes*, tome II, p. 226.

à Paris, des écrans s'étaient levés entre la nation et lui. La patience des peuples a des cycles. Pas l'Histoire. Quelles paroles testamentaires le Général pourrait-il laisser ? Ce roi austère, méditatif, qui n'eut jamais peur de Dieu. Il a tout dit. Sous un ciel qui se remplit d'étoiles, les deux hommes, qui viennent de vérifier la qualité d'un lien qui tient de la « télépathie[1] », s'apprêtent à se séparer. Le Général s'immobilise sur le seuil. Une dernière fois, le Grand Psychopompe, qui repart dans une *neige mérovingienne*, le regarde sombrer dans l'hiver de Colombey[2].

1. *Ibid.*, p. 165.

2. Je ne connais pas la fortune des *Chênes qu'on abat* dans les classes. Toujours est-il qu'au moment de quitter l'enseignement proprement dit, au printemps de 1995, après Montherlant, Racine et Yourcenar, c'est le texte que j'ai choisi de faire lire à mes étudiants d'HEC qui réfléchissaient sur le pouvoir, dans cette salle qui, pendant huit ans, fut la mienne au lycée Chateaubriand à Rennes. Et dans le même ordre d'idée, il faut saluer l'initiative de l'Inspection générale des Lettres qui a décidé d'inscrire, au programme de première, l'étude d'un roman de Malraux, pour le vingtième anniversaire de sa mort.

XII

LA TRAVERSÉE DU SIÈCLE

Il ne cesse de sombrer. Séjours multiples à l'hôpital, pertes de conscience, enfermement dans un univers de blouses blanches et de lits aseptisés. Il a médité devant ces feux qui s'allumaient au bord du Gange. Il est resté de longues heures en arrêt devant les quinze pierres qui émergent du sable rituellement ratissé du Ryōan-ji à Kyōto, il a vu cette neige mérovingienne qui, à Colombey, un soir de décembre, enveloppait la figure du roi comme dans un suaire. Et il a vu le cercueil de De Gaulle rejoindre celui de sa fille dans la terre glacée de Champagne. A quoi sert-il de vivre quand on n'est plus qu'un tombereau de fantômes ? A quoi sert-il de vivre lorsqu'il vous semble que vos chats sont menacés de l'immobilité sacrée de leurs doubles de la statuaire ? Longtemps le spectre de Lazare l'a hanté, les mythes antiques des êtres arrachés aux morts.

L'automne et le froid tombent sur le jardin et la maison de Verrières. Il n'a plus la force de sortir, de marcher jusqu'au petit banc qui jouxte la tombe de Louise. Et Louise est quelque part sous l'herbe, comme Verlaine dans le poème de Mallarmé. Le parc a l'humidité et les remugles des bois de noyers qui entouraient le prieuré de l'Altenburg. La terre est lourde, grasse sous le pas de Malraux. Cette terre qui a happé la chair broyée de Josette, et les corps mutilés de ses fils. Cette fosse saturnienne, cette fossoyeuse qui mine tous les pas... La songerie de Malraux est lourde de tombes, de pleureuses noires figées au-dessus de l'argile éventrée, de gisants de soldats qui basculent dans un vivier de racines. Il marche vers la maison, contemple les croisées à petits bois sur lesquelles viendra cogner l'Ange de la mort. Il ne souscrit même plus au rite du whisky crépusculaire. Trop de deuils. Trop de morts. Et l'alcool était une drogue, l'indispensable compagnon des dérives oniriques et hallucinatoires.

Il revoit au fond du parc ce banc de pierre sur lequel il s'est assis — ce banc sur lequel les grives ont laissé des coquilles d'escargots fracassées —, ce banc près duquel il songe toujours à l'épitaphe d'Erasme. La pelouse, avec son incurvation centrale, lui rappelle celle de l'Elysée que contemplait de Gaulle en pensant à la mort et à l'extinction de l'épopée. Des mots lui reviennent, des mots du Gange :

... non né, éternel perpétuel,
Ancien. De même que l'on rejette
les vêtements usés, et que l'on en revêt d'autres,
De même, ce qui est revêtu d'un corps rejette
Les corps usés...

La psalmodie glisse sur les eaux sacrées du fleuve. Et il se dit que si sa spiritualité eut une souche, c'est bien sur ces rives-là qu'elle s'ancrait. Il sait qu'on ne revoit pas sa vie à l'instant de passer de l'autre bord. Il sait que leurs personnages visitent les romanciers au moment de leur mort. Le marteau du vieux Viking tournoie dans les airs et s'immobilise, si près de fendre le crâne de l'armateur rebelle. Et le cri de Perken ne cesse de résonner dans la hutte que cernent les termites...

Sur la table basse du salon bleu, là où autrefois on disposait les verres, il lui semble que l'on a installé quelque chose comme un crâne. Un crâne d'obsidienne. C'est le signe qu'elle arrive, la *déesse du sommeil*. Josette, ses fils, renvoyés au néant, tous les morts d'Espagne et des maquis d'Alsace, Louise, Perken, le Viking, et de Gaulle fondu à la terre du royaume... Et Bernanos disant à Dieu à l'instant du passage « Et maintenant, à nous deux... », Bernanos sur le cercueil de qui le soleil était venu se poser, droit comme une barre, et Picasso qui savait par cœur la phrase où Van Gogh disait qu'il pourrait se passer de Dieu, mais non de la puissance de créer, et Drieu choisissant la voie dangereuse, « la voie de l'âpre audace »... Les textes zen disent que le sentiment d'agonie qui précède l'Illumination déclenche le rire. Fourrure et Essuie-Plume se figent comme des chats du Nil. *Terminus*.

1976. Novembre : je revois précisément ce mois noir au bout d'un été de soif et de sortilège, comme le couronnement de l'été où j'ai commencé à écrire. L'été de la naissance aussi du dédicataire de ces pages, qui avait, lorsque je le rencontrai, l'allure et la grâce d'un jeune chevalier d'Arthur. Quelques jours avant la mort de Malraux, ce même mois des ombres, le Goncourt avait récompensé un adolescent à la mèche très malrucienne pour un somptueux roman épique. Je me suis reconnu dans le visage de ce jeune homme fougueux qui, quelques années plus tard, porterait le manuscrit de mon premier roman rue de Condé à Simone Gallimard. Année d'éclosions, de signes et de fascinations sans faille. Un passeur admiré, un génie convulsif qui s'absente, un chat du Nil qu'une mascarade de notables rigides exhibe dans la cour du Louvre, et surtout cette passion qui naît : passion des œuvres, des auteurs, et des mots et des corps qui sont la souche et la hantise de toute vie d'écriture.

XIII

VEILLÉE AU PANTHÉON

Bal el-Mandeb : Portes de la Mort [1].

Dans la nef romaine, sur un catafalque, on vient de déposer le cercueil tout juste arraché à la terre de Verrières. Un écrivain au Panthéon, enfin. C'est la volonté de celui qui, jeune secrétaire d'Etat, s'assit un jour de 1967, à la table du Conseil, sous le regard du complice ténébreux et torturé de De Gaulle. Celui qui, élu premier magistrat de la République et futur maître du salon doré, a inauguré, à l'aube du mercredi 17 mai 1995, son principat à Colombey, devant la tombe du Général. Le *corps légendaire* d'André Malraux repose cette nuit dans cette nef, en fraternité sommeilleuse avec le preux de Colombey, au dire de Francis Ponge, « un des plus grands gisants de notre histoire nationale et l'un des plus grands que l'histoire universelle ait connus [2] ». Gisants dignes de Fontevrault ou de Saint-Denis. Le *corps légendaire* de celui qui est entré dans la mort inconscient, lors même qu'il ne rêvait que de passer ce défilé pleinement lucide... Cet aventurier et ce héros, pour qui l'essence de la vie était la verticalité [3]...

1. *La Voie royale*, p. 21.
2. Francis Ponge, « Sans titre », in *N.R.F.* n° 295, p. 115.
3. André Brincourt, *op. cit.*, p. 242.

Pas de drap noir sur le catafalque : une voile écrue des marins de Dunkerque. Et, posés sur le cercueil, ce crâne d'obsidienne qui le fascinait et une vasque contenant de l'eau sacrée du Gange. Dans l'ombre, on devine l'effigie mutilée de Jean Moulin, les fétiches d'Apollinaire, les bisons de Lascaux, les bûchers de Bénarès, un masque de vieillard apaisé — Hugo peut-être —, le Général solitaire de la Boisserie, et cette petite fille qui, un jour de 1933, jouait à jeter en l'air un ballon rouge[1]... Sur les marches de la nécropole, ces degrés froids qui descendent vers la rue Soufflot, deux images emblématiques et récurrentes de l'œuvre de Malraux, les paysannes noires et athées de Corrèze et les noix de l'Altenburg...

Demain, on installera son cercueil sur la place pierreuse où, grand psychopompe, il appela Jean Moulin. Et, de nouveau, les dignitaires seront là, figés, en manteau sombre, avec la garde en grand arroi... Et une voix s'élèvera pour l'inviter à entrer dans la *crypte des Capucins* de la République — chez lui.

« *Avance-toi, explorateur des vallées des rois et des rives du Gange, avance-toi, fantôme au souffle brisé, voyant aux prunelles d'hypnose... Avance-toi et quitte la "danse tragique, vaine, des personnages de tes livres qui glisse sur la surface de la planète comme sur l'œil énorme d'un dieu mort[2]"... Avance-toi, chercheur d'âme, apôtre du Fondamental, veilleur de la Bibliothèque des formes, gardien des œuvres immortelles, du plus profond des nuits de Lascaux, de l'Alsace et de l'Inde, avance-toi et nomme-toi...*

1. *Le Miroir des Limbes*, tome I, p. 484.
2. Julien Gracq, *Préférences*, José Corti, 1961, p. 98.

— Je suis archéologue, historien d'art, pilleur de temples et inventeur de royaumes... »

Le chœur des ombres : « Nous ne te connaissons pas...

— Je suis ministre de la République, confident de De Gaulle, sur ces marches j'ai accueilli d'autres cendres...

— Nous ne te connaissons pas...

— Je suis André Malraux, j'ai passé cette rive sans conscience, mais si je devais choisir une autre vie — et une autre mort —, je choisirais la mienne...

— *Entre, non né, entre, éternel perpétuel, abandonne ta défroque et tes titres, tu es des nôtres...* »

Beg-Meil, Le Faou, Rennes,
28 juin-25 novembre 1980.
Finistère, Ecosse,
juin-août 1996.

RÉFÉRENCES DES ŒUVRES CITÉES

La Voie royale, Grasset, Les Cahiers verts, 1930.
L'Espoir et *Le Démon de l'absolu, in* Œuvres complètes, Bibliothèque de la Pléiade, tome II, 1996.
Les Noyers de l'Altenburg, Gallimard, 1948.
Les Voix du silence, Gallimard, 1951.
Le Miroir des Limbes, tomes I et II, collection Folio.

OUVRAGES CONSACRÉS À MALRAUX

JEAN LACOUTURE, *Malraux, une vie dans le siècle*, Points Seuil, 1976.
Numéro spécial de la *N.R.F.*, juillet 1977.
JEAN LESCURE, *Album de la Pléiade*, 1986.
ANDRÉ BRINCOURT, *Malraux le malentendu*, Grasset, 1986.
CURTIS CATE, *Malraux*, Flammarion, 1994.

Composition Bussière
et impression Bussière Camedan Imprimeries
à Saint-Amand (Cher), le 30 octobre 1996.
Dépôt légal : octobre 1996.
Numéro d'imprimeur : 2216-1/2506.
ISBN 2-07-074634-8/Imprimé en France.

77294